에튀드와 함께하는

클랑클랑 Pianist

금찬이 편저

세광음악출판사

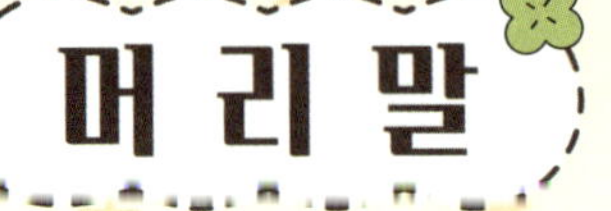

머리말

<에튀드와 함께하는 클랑클랑 Pianist>는

<금쌤의 클랑클랑 체르니 100> 수준의 테크닉 매칭 병행 연주곡집으로

고전 소나티네 및 시대별 다양한 양식의 보석같은 곡들과

듀오곡들이 수록되어 있습니다.

진도에 맞게 체르니에서 배운 테크닉을 더욱 반복, 강화, 응용해서

작품을 표현하는 음악성 향상에 큰 효과를 기대합니다.

특히, 작품마다 악곡의 특징, 테크닉 레벨, 그리고

테크닉 연습곡인 Pre-Etude로 학생 선행 자기주도 학습을 할 수 있어

피아노 실력과 성취감이 높아질 것입니다.

또한 전체 연습곡과 연주곡의 연주 음원을 QR 코드로 들을 수 있습니다.

임팩트 있는 재미난 곡들로 연주회, 콩쿠르 등 레퍼토리곡집으로 추천드립니다.

기존의 하농, 체르니, 소나티네 등 많은 교재를 대체할 현대 교수법에 맞는

<금쌤의 클랑클랑 체르니 100, 30>과 <에튀드와 함께하는 클랑클랑 Pianist>로 공부합시다.

자! 클랑 친구들, 체르니와 함께 소나티네 작품만이 아닌,

여러 음악 형식의 곡들을 공부해 연주회, 콩쿠르에서 멋진 피아니스트로 만나요.

저자 금찬이

차 례

Vivace
p

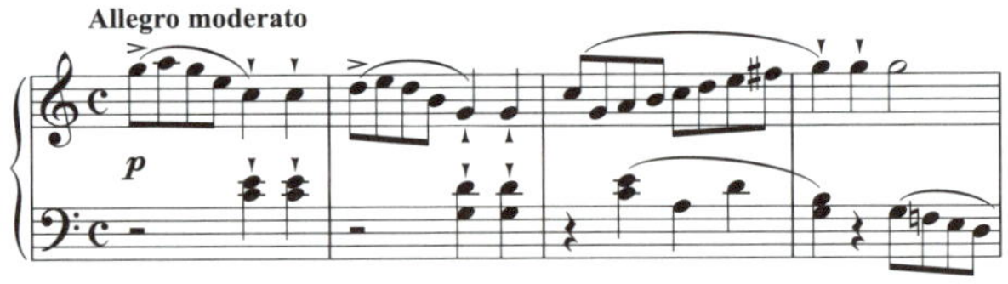
Allegro moderato
p

Animato
f

Tempo di marcia
pp (D.C.시 f)

Marcia
f
dim.

Allegro
p

Moderato
f
p

Allegretto
p
f

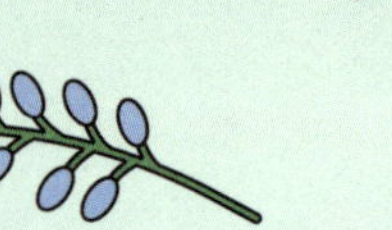

Minuet

24 Short and Easy Pieces for Keyboard, Op. 1, No. 10

A. Reinagle

악곡의 특징

Minuet(미뉴에트) : '미뉴에트'는 프랑스어로 '우아한 걸음걸이'라는 뜻으로 프랑스에서 시작되어 17-18세기 유럽에서 유행한 춤곡입니다.

테크닉 레벨

<금쌤의 클랑클랑 체르니 100> 중 1, 2번 수준

- 선율의 진행, 패턴 찾기, 다섯 손가락, 레가토 응용

Lesson Point

· 다섯 손가락을 고르게 나란히 연주합니다.

· ♩(4분음표)는 non-legato(논 레가토)로 연주합니다.

Pre - Etude

 Minuet(미뉴에트)

24 Short and Easy Pieces for Keyboard, Op. 1, No. 10

 아름답고 귀여운 미뉴에트 춤곡을 양손의 선율을 느끼며 우아하게 연주해 보세요.

A. Reinagle
(라이너글)

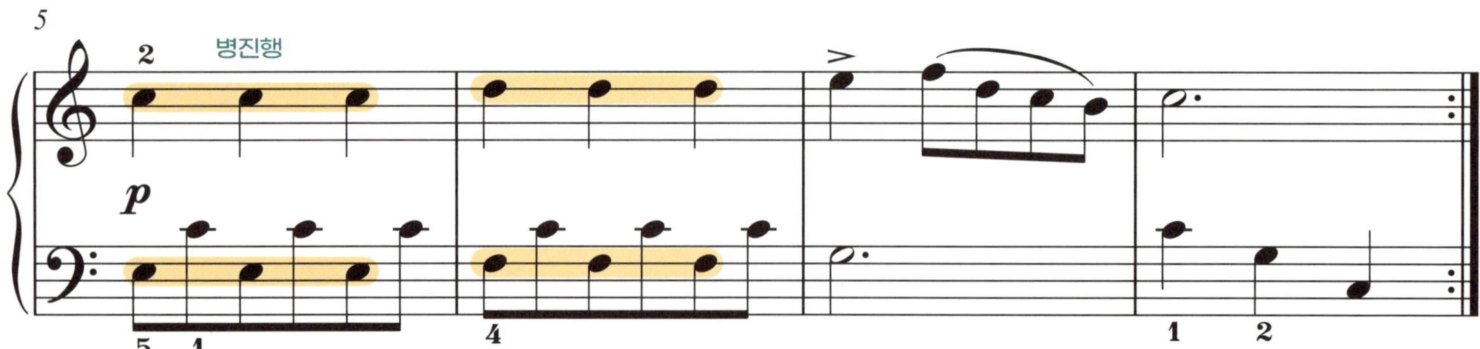

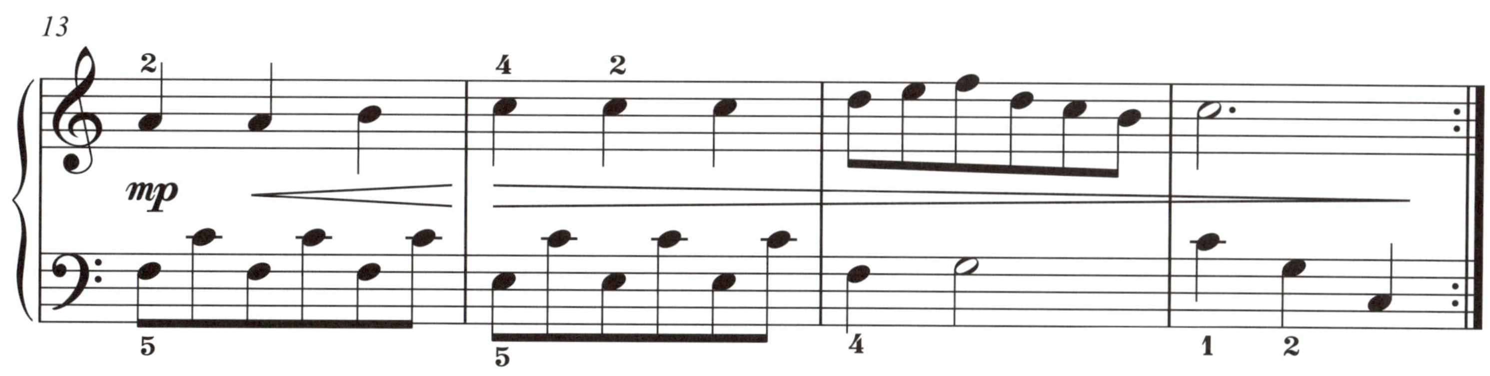

Scottish Dance

6 Scottish Dances for Piano, WoO 218, No. 2

F. Kuhlau

 **악곡의 특징**

Scottish Dance(스코틀랜드 춤곡) : 이 곡은 쿨라우(F. Kuhlau)의 '스코틀랜드의 6개의 민속춤곡' 중 두 번째 작품으로, 17세기 스코틀랜드에서 유래되었습니다.

테크닉 레벨

<금쌤의 클랑클랑 체르니 100> 중 3, 4번 수준

- 스타카토, 레가토, 테누토 주법 응용

Lesson Point

· Staccato(스타카토), Legato(레가토), Tenuto(테누토) 주법을 지켜서 연습합니다.

Pre - Etude

Moderato

Scottish Dance(스코틀랜드 춤곡)

6 Scottish Dances for Piano, WoO 218, No. 2

안에 있는 알맞은 주법을 정확히 연주해 보세요(스타카토, 레가토, 테누토).

F. Kuhlau
(쿨라우)

* 원곡에 없는 *D.C. al Fine*와 *Fine*를 임의로 표기하였습니다.

Bagatelle

The First 12 Studies for the Piano, Op. 125, No. 4

A. Diabelli

악곡의 특징

Bagatelle(바가텔) : '바가텔'이란 피아노를 위한 두도막, 세도막형식의 가벼운 피아노 소곡을 말합니다. 이 명칭은 바로크 작곡가 쿠프랭의 '클라브생 작품(17세기)'에서 유래되어 성격 소품(Character Piece)이 되었습니다.

테크닉 레벨

<금쌤의 클랑클랑 체르니 100> 중 테크닉 레시피 1번 수준
- 단단한 손등과 손모양, 사장조 화음, 레가토 노래 표현

Lesson Point

· 사장조 화음 연타를 탄력 있게 연주하며, 4마디씩 악상을 다르게 표현합니다.
· 레가토 선율을 한 호흡으로 아름답게 노래합니다.

Pre - Etude

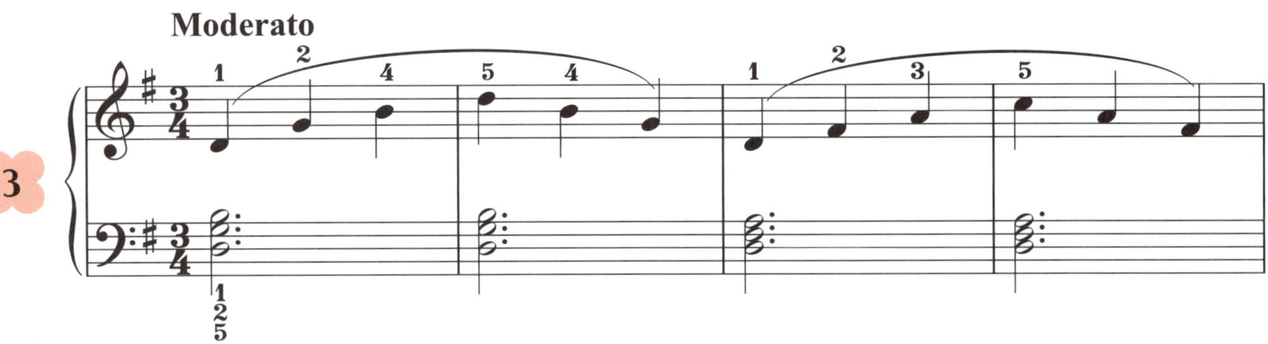

Bagatelle(바가텔)

The First 12 Studies for the Piano, Op. 125, No. 4

A. Diabelli
(디아벨리)

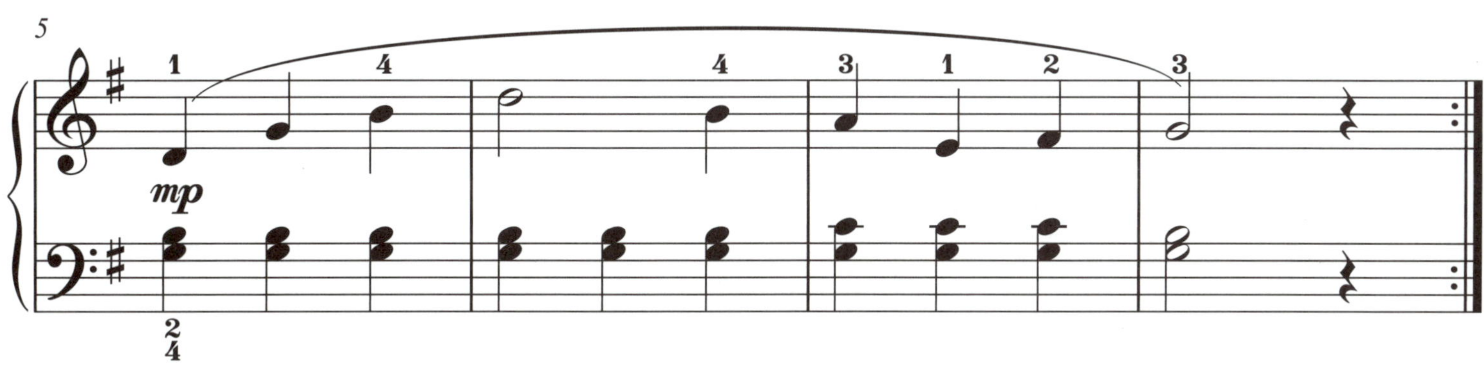

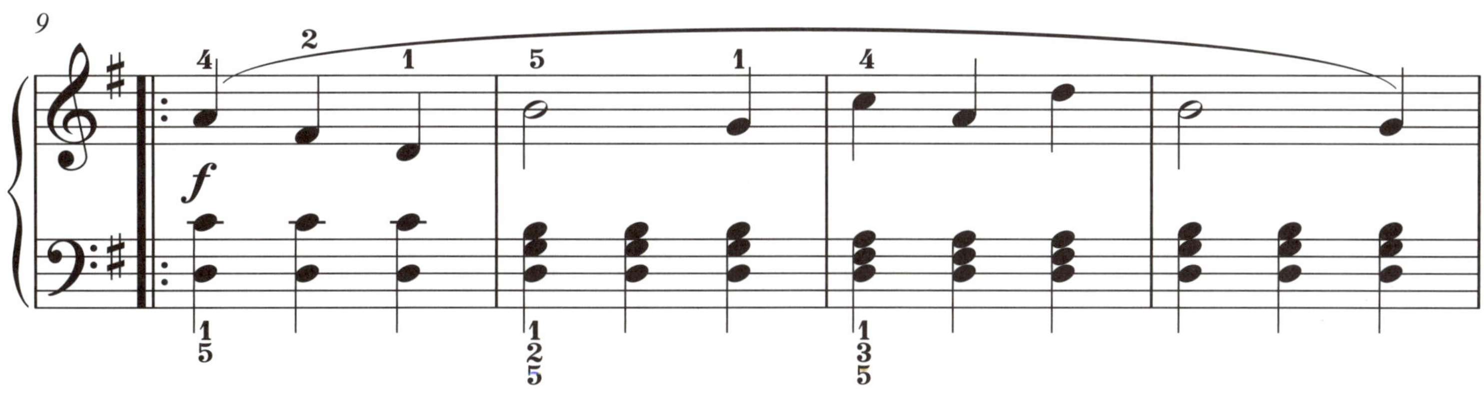

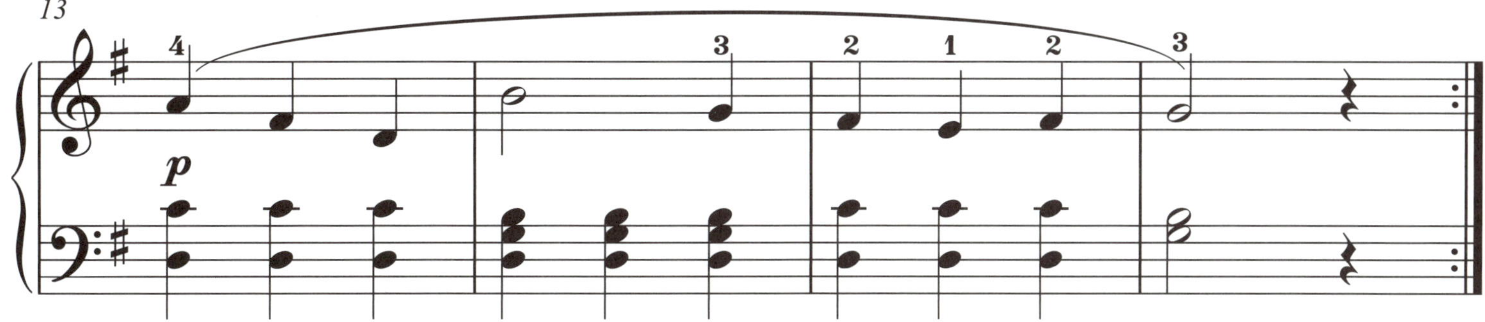

* 원곡은 C Major(다장조)입니다.

Minuet in F Major

No. 2

N. Mozart

이 곡은 모차르트의 누나인 난넬 모차르트(Nannerl(Maria Anna) Mozart)의 작품으로 난넬 모차르트는 천재적인 피아니스트이자 작곡가, 그리고 바이올리니스트였습니다. 11살의 난넬은 6세인 모차르트와 유럽 연주 여행을 다니며 소녀 음악가로 유명했습니다.

<금쌤의 클랑클랑 체르니 100> 중 테크닉 레시피 1, 4, 6번 수준
- 단단한 손 모양, 고른 다섯 손가락, 바장조, 겹음 반주

Pre - Etude

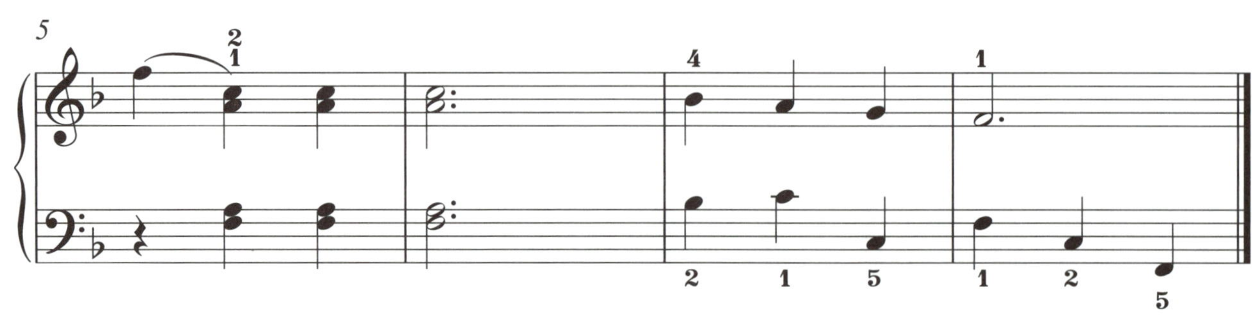

Minuet(미뉴에트) in F Major

No. 2

N. Mozart
(난넬 모차르트)

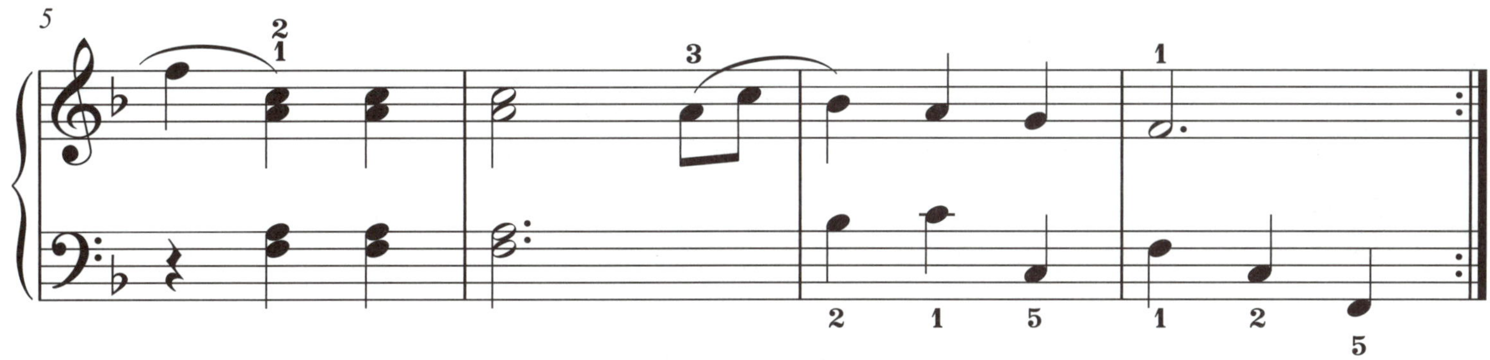

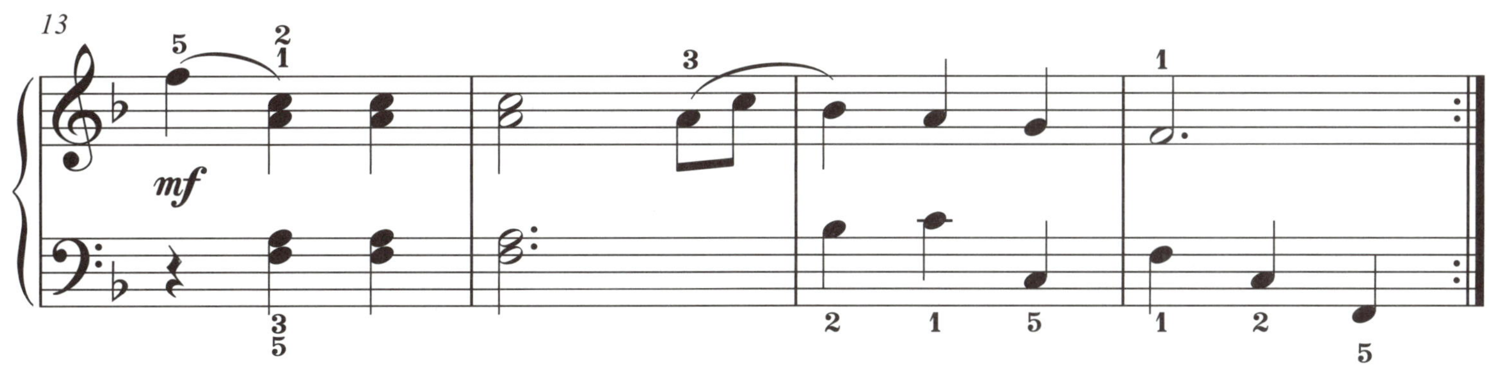

5

Gigue

Keyboard Lessons, Op. 12, No. 2

S. Arnold

악곡의 특징

Gigue(지그) : 17-18세기 영국의 춤곡에서 유래되어 $\frac{3}{8}$, $\frac{6}{8}$, $\frac{9}{8}$ 박자의 바로크 시대에 유행한 춤곡으로 매우 빠르고 재미있는 곡입니다.

테크닉 레벨

<금쌤의 클랑클랑 체르니 100> 중 5, 6번 / 테크닉 레시피 2번 수준

- 다섯 손가락의 레가토, 손가락 넘기는 연습

Lesson Point

· 빠른 ⑧ 박자는 ♩.를 기본박으로 노래합니다. ♩. ♩. = ♫♫ ♫♫

· 넓은 음역의 선율은 넘기는 손가락 미리 준비해서 레가토로 연주합니다.

Pre - Etude

 ♪는 손끝을 세워서 고른 리듬으로 연습해 보세요.

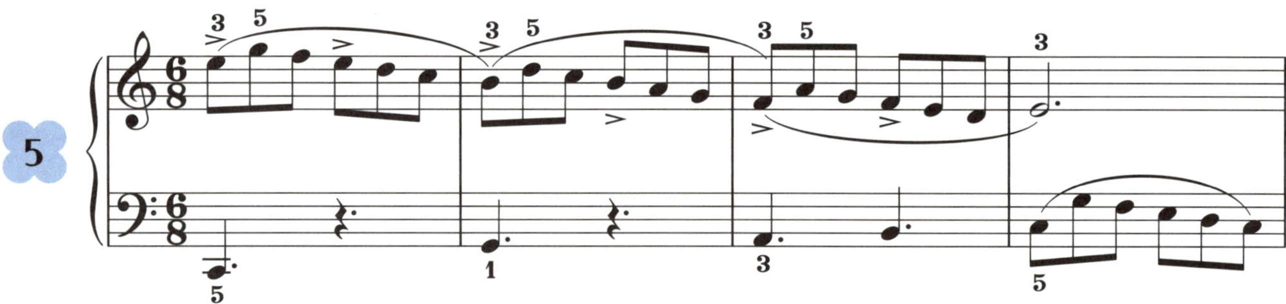

Gigue(지그)

Keyboard Lessons, Op. 12, No. 2

S. Arnold
(아놀드)

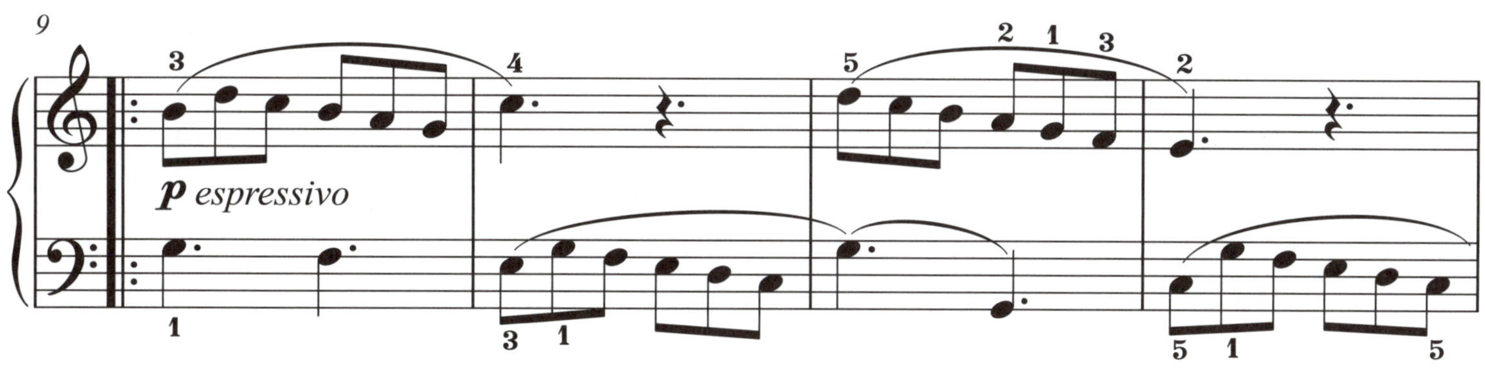

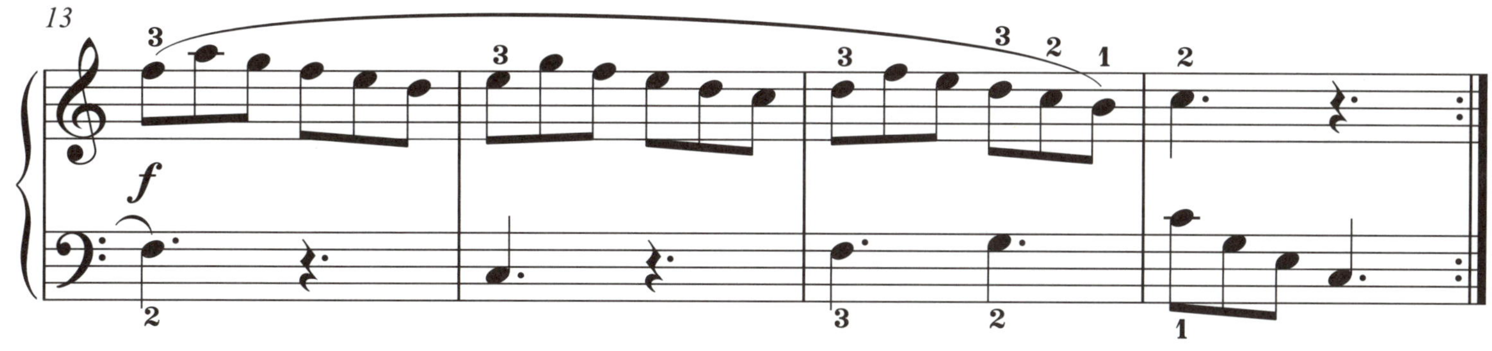

Sonatina in C Major

4 Progressive Sonatinas, No. 1, 1st mov.

J. T. Latour

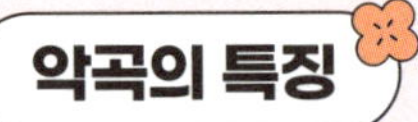

악곡의 특징

Sonatina(소나티나) : '소나티나'는 규모가 작은 소나타 형식으로 가볍고 간결하며, 2~3악장으로 이루어져 있습니다. **A** - **B** - **A'** 형식을 이해하며 연주합니다.

테크닉 레벨

<금쌤의 클랑클랑 체르니 100> 중 6, 7, 8번 / 테크닉 레시피 2번 수준

- 손가락의 독립, 다장조 음계, $\frac{4}{4}$ 박자 일정한 박의 레가토

Lesson Point

· 다장조 음계를 고르게 연주합니다.

Pre - Etude

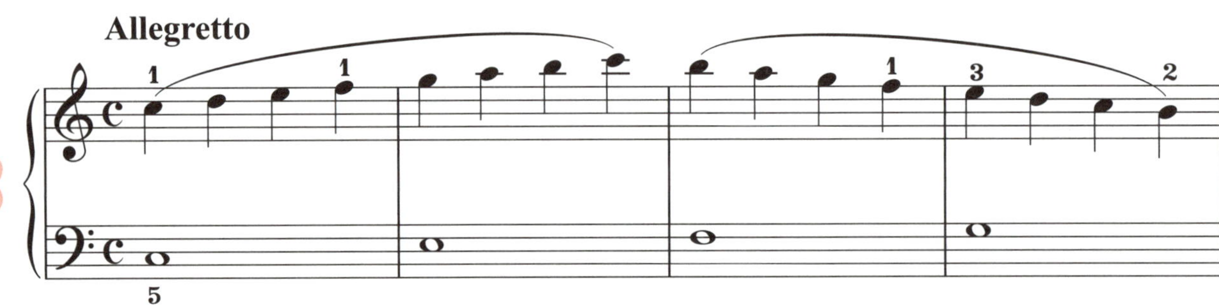

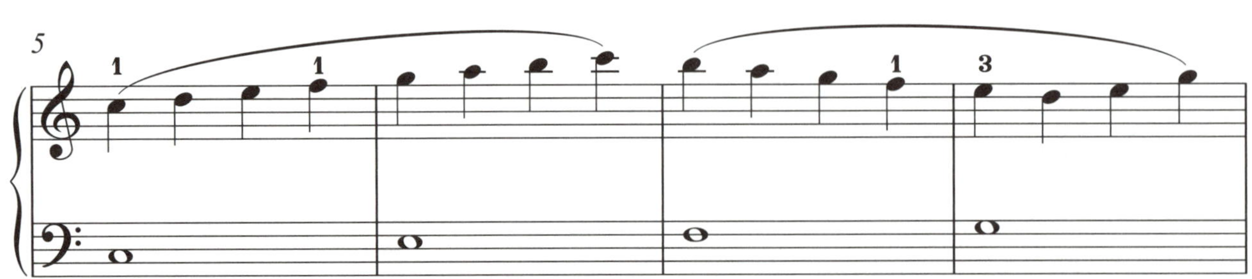

🌸 Sonatina(소나티나) in C Major 🌸

4 Progressive Sonatinas, No. 1, 1st mov.

J. T. Latour
(라투르)

6

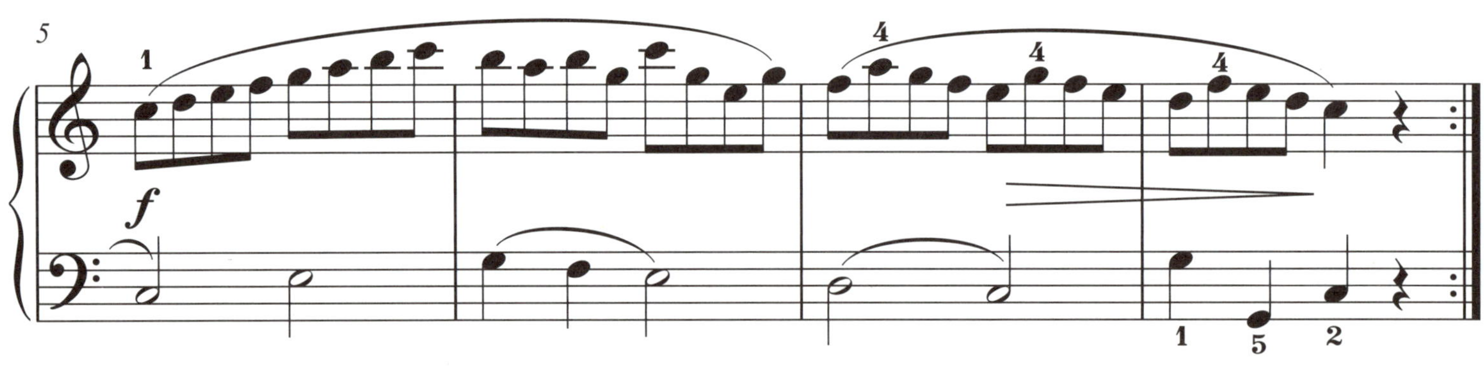

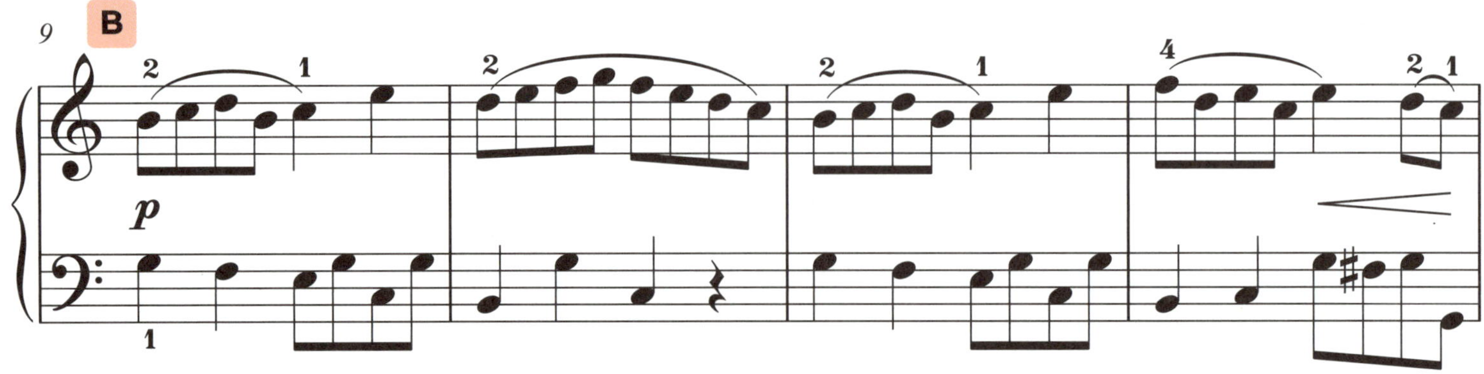

A'

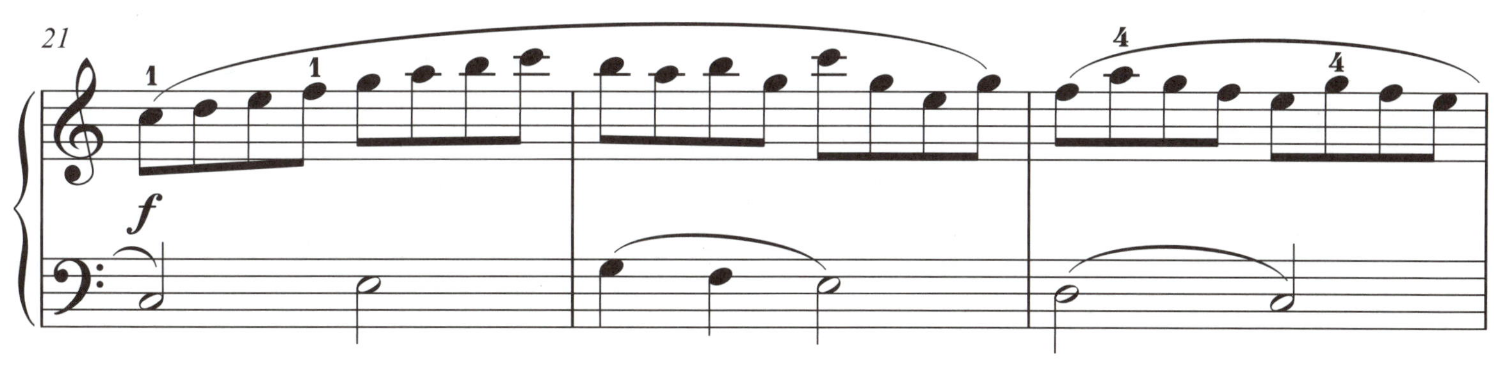

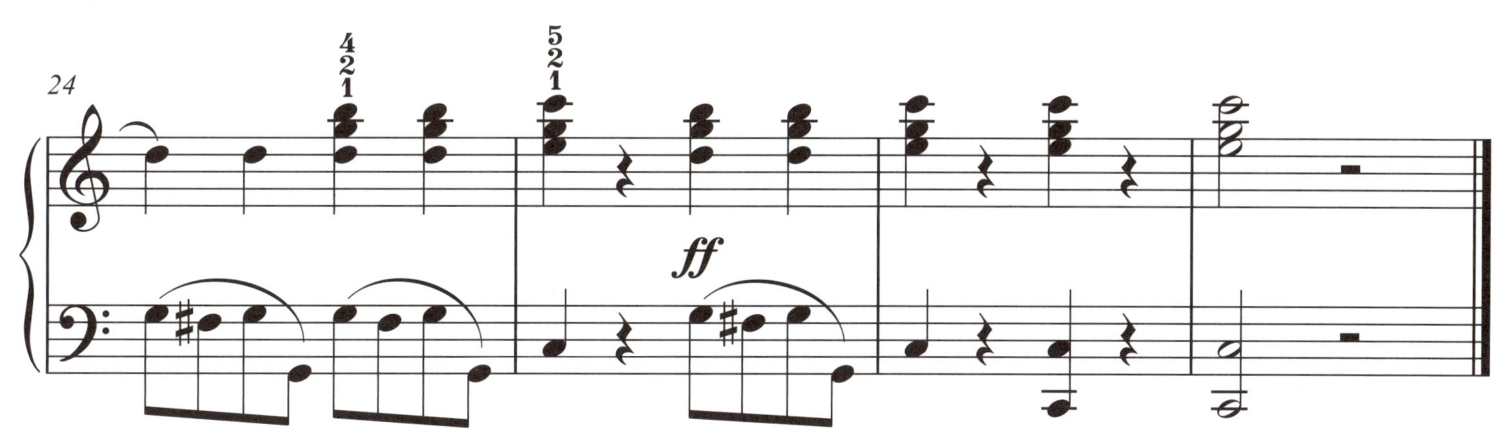

Sonatina in C Major

4 Progressive Sonatinas, No. 1, 3rd mov. Rondo

J. T. Latour

라투르(J. T. Latour)는 프랑스 피아니스트이자 작곡가로 중급 피아노 학생들을 위한 피아노 소나티나를 작곡했습니다. 백조처럼 단아한 선율에 잔잔한 셋잇단음표 왼손 반주로 연주합니다.

<금쌤의 클랑클랑 체르니 100> 중 7, 8, 13번 수준

- 셋잇단음표 반주, 레가토 선율

Lesson Point

· 다장조와 사장조 양손의 셋잇단음표 리듬을 1번 손끝을 모아서 가볍고 고르게 연주합니다.

Pre - Etude

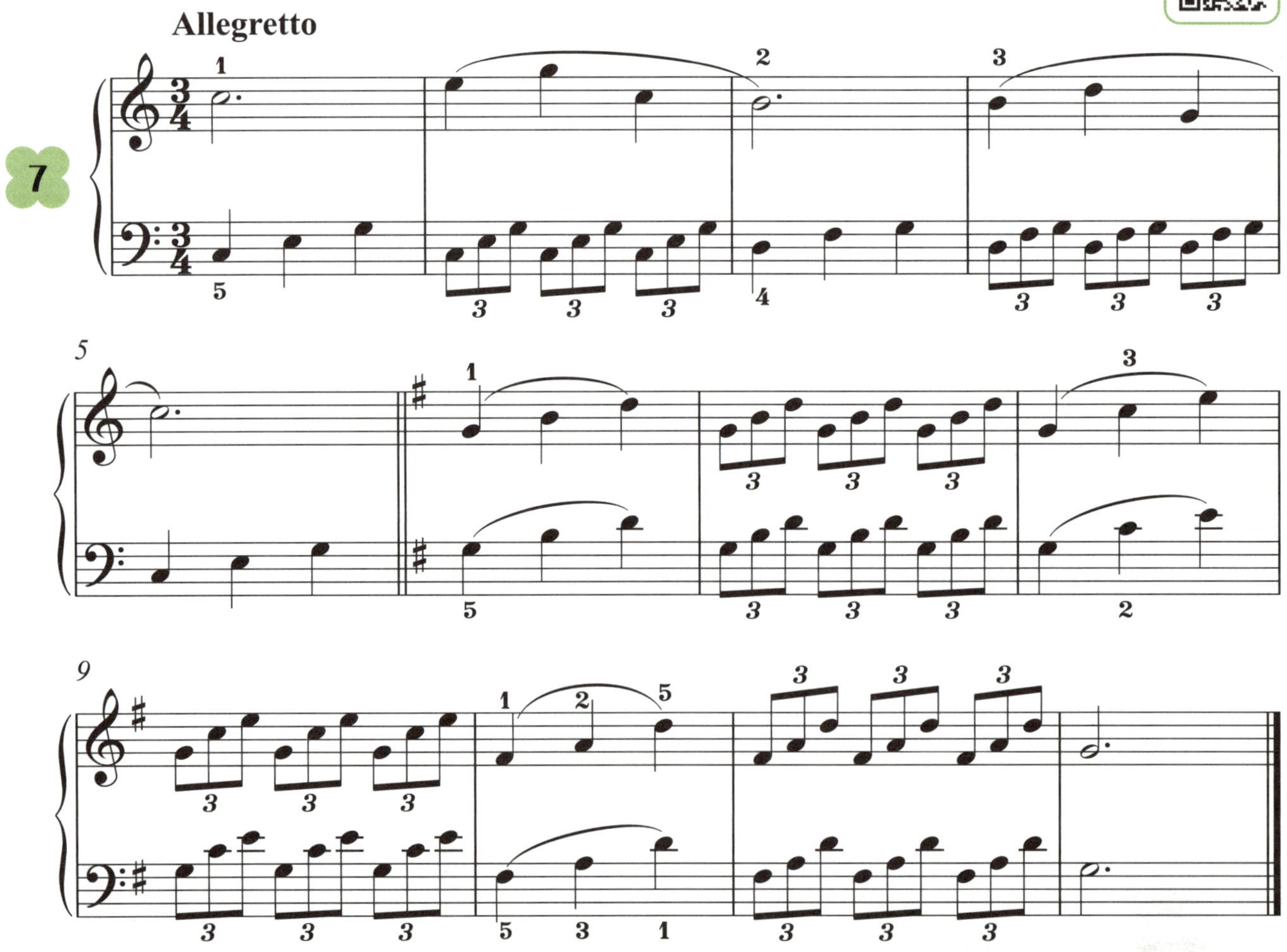

Sonatina(소나티나) in C Major

4 Progressive Sonatinas, No. 1, 3rd mov. Rondo

J. T. Latour
(라투르)

A

Allegretto

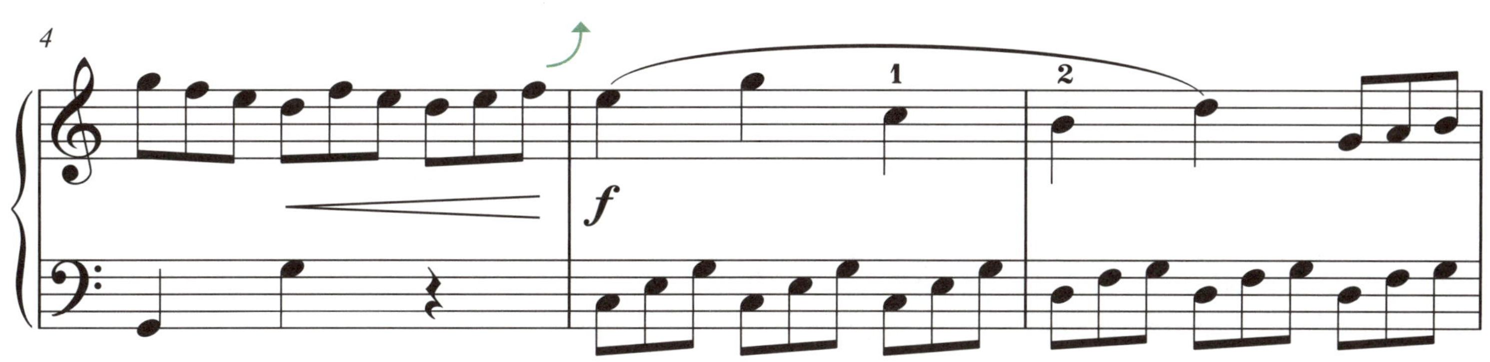

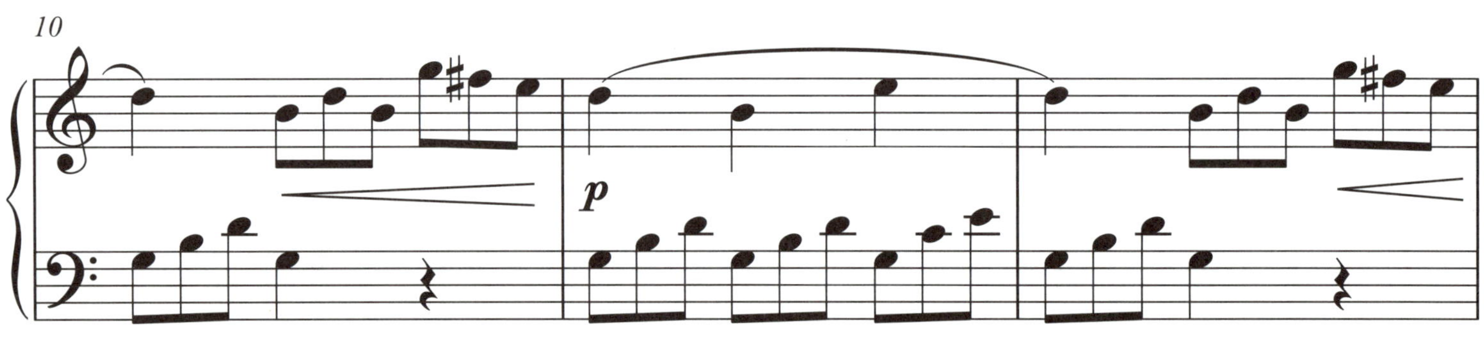

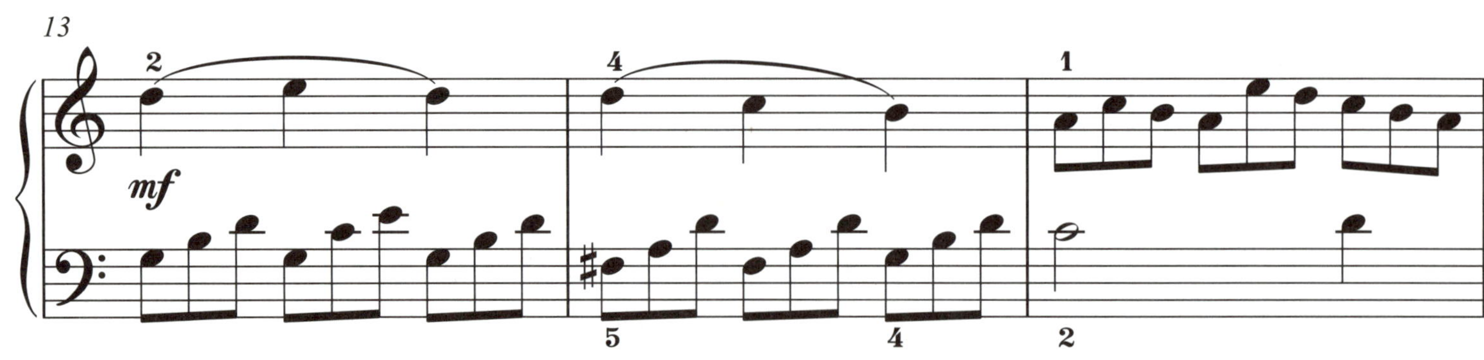

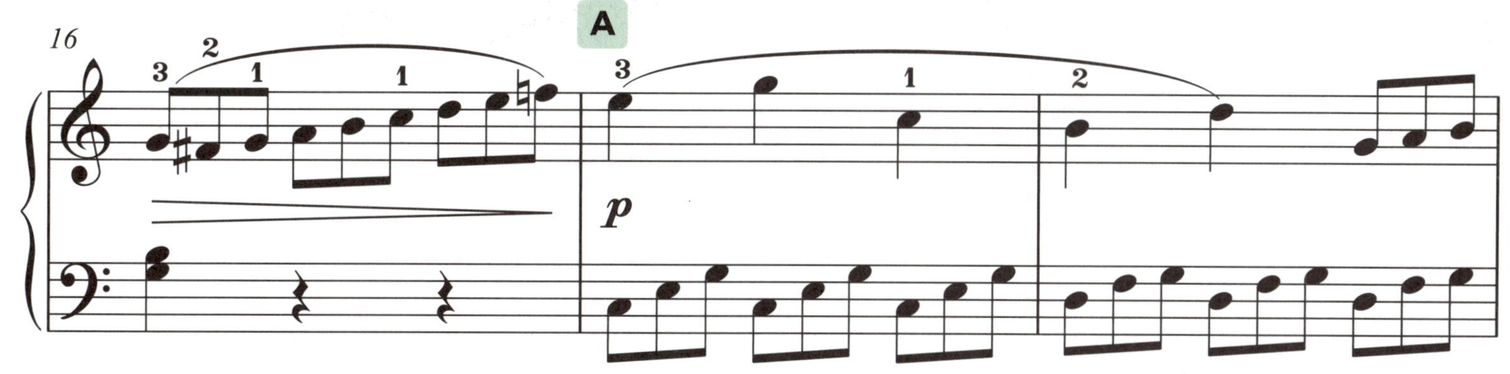

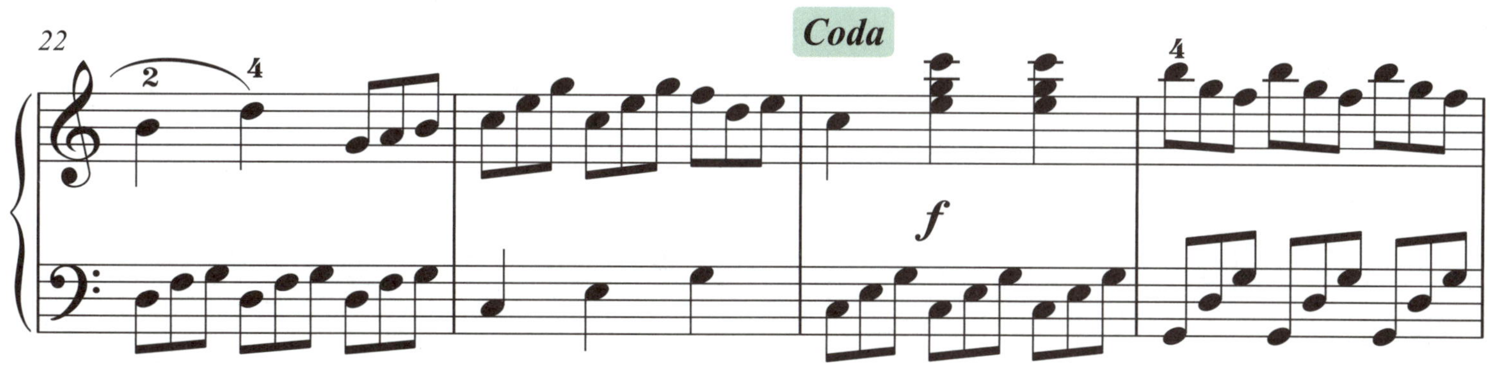

8

Sonatina in C Major

6 Sonatinas, Op. 36, No. 1, 3rd mov.

M. Clementi

악곡의 특징

이 곡은 $\frac{3}{8}$ 박자의 왼손 반주에 가벼운 멜로디의 아름다운 선율이 돋보이는 작품입니다. 밝고 명랑한 분위기로 악상 표현에 주의하여 빠르게 연주합니다.

테크닉 레벨

<금쌤의 클랑클랑 체르니 100> 중 9, 13, 17번 수준
- $\frac{3}{8}$ 박자, 셋잇단음표, 반주 연습, 다양한 아티큘레이션 주법

Lesson Point

· 스타카토와 이음줄에 주의합니다.   · 대표적인 악상기호는 자연스럽게 표현합니다.

· 어려운 부분은 매일 연습합니다.

Pre - Etude

소나티나의 어려운 부분은 **Daily Practice Part**로 정하고 매일 연습해 보세요.

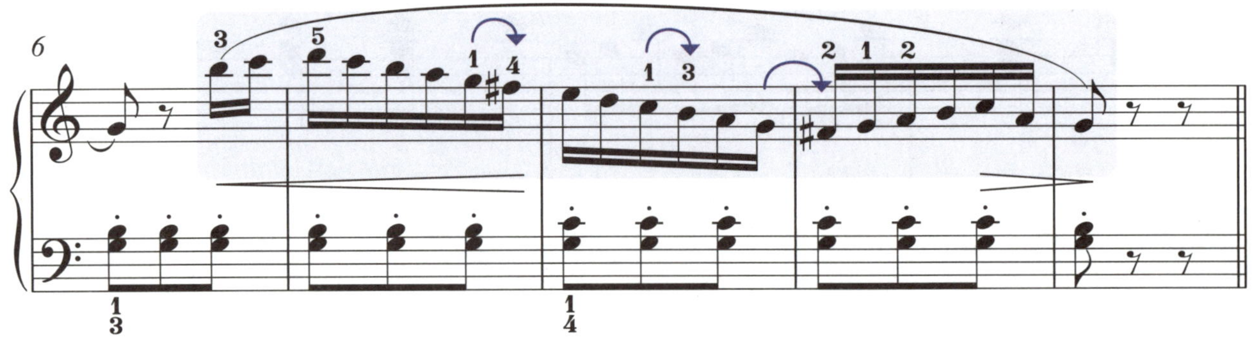

❀ Sonatina(소나티나) in C Major ❀

6 Sonatinas, Op. 36, No. 1, 3rd mov.

M. Clementi
(클레멘티)

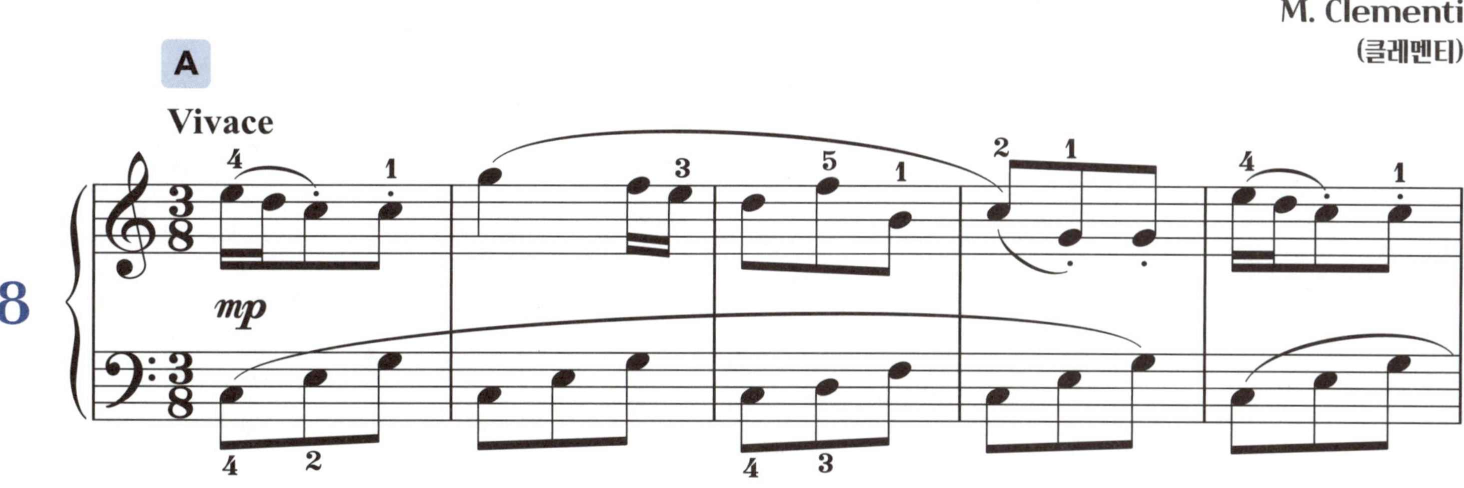

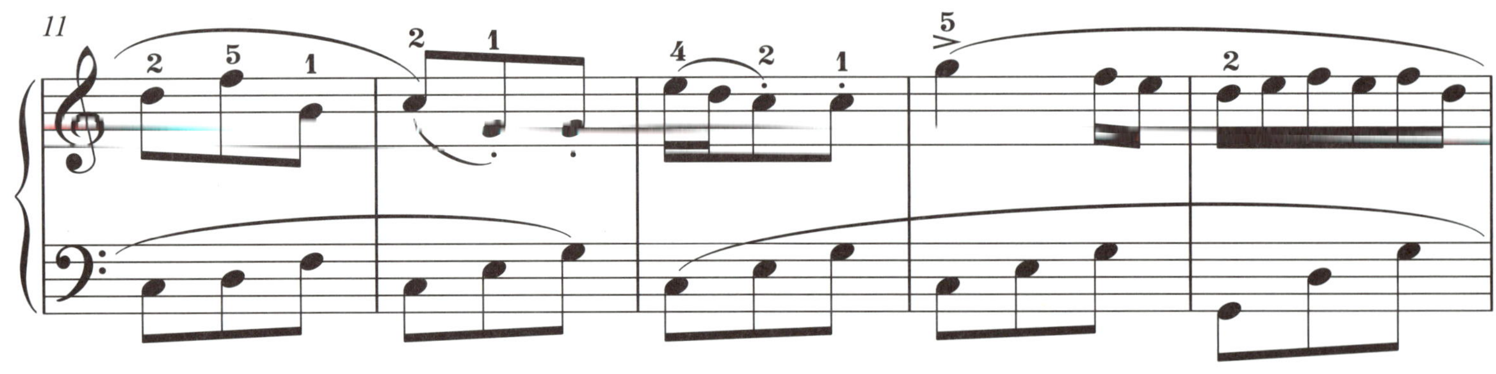

B

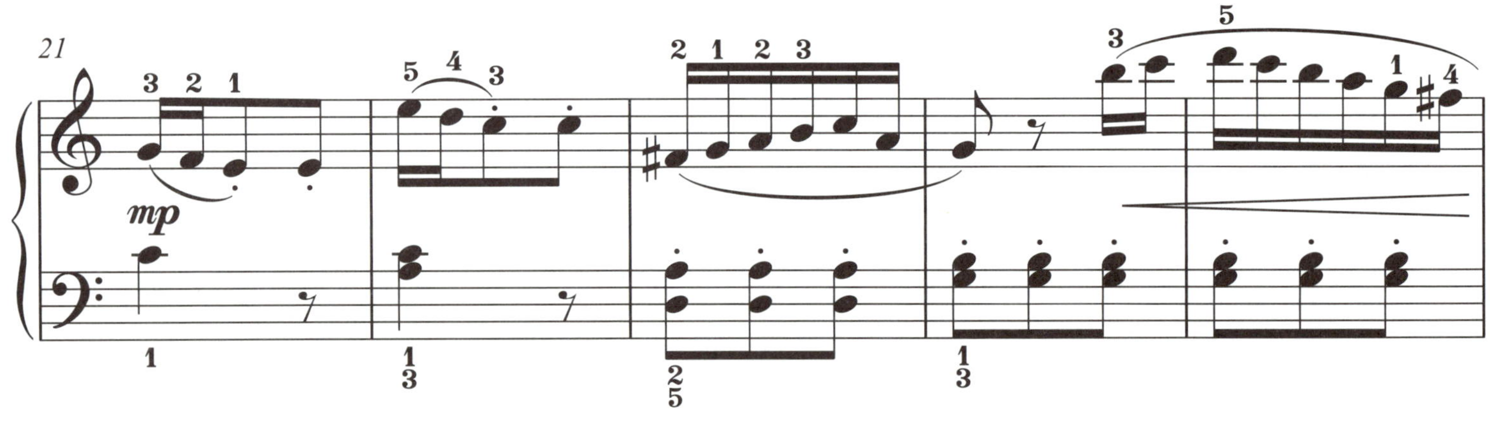

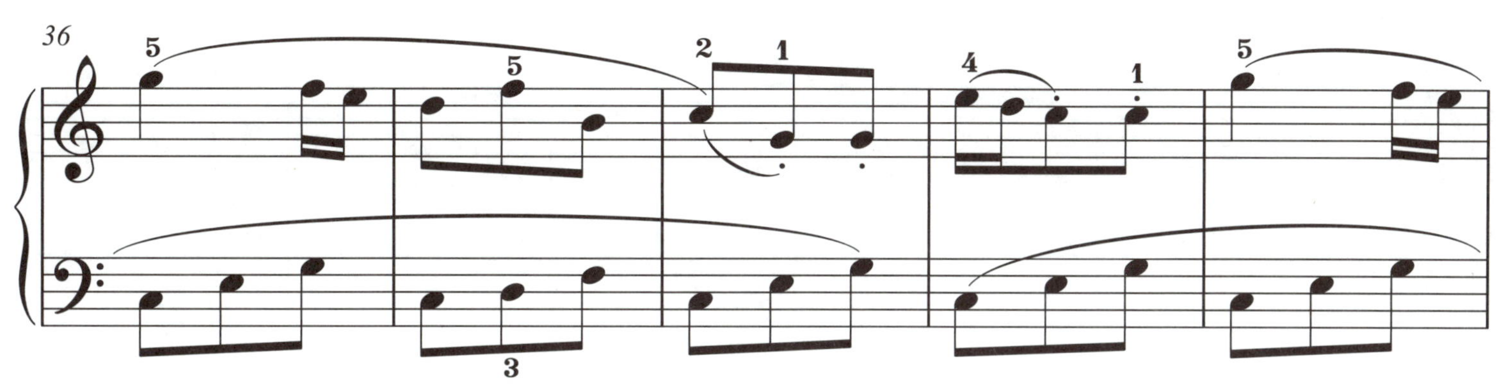

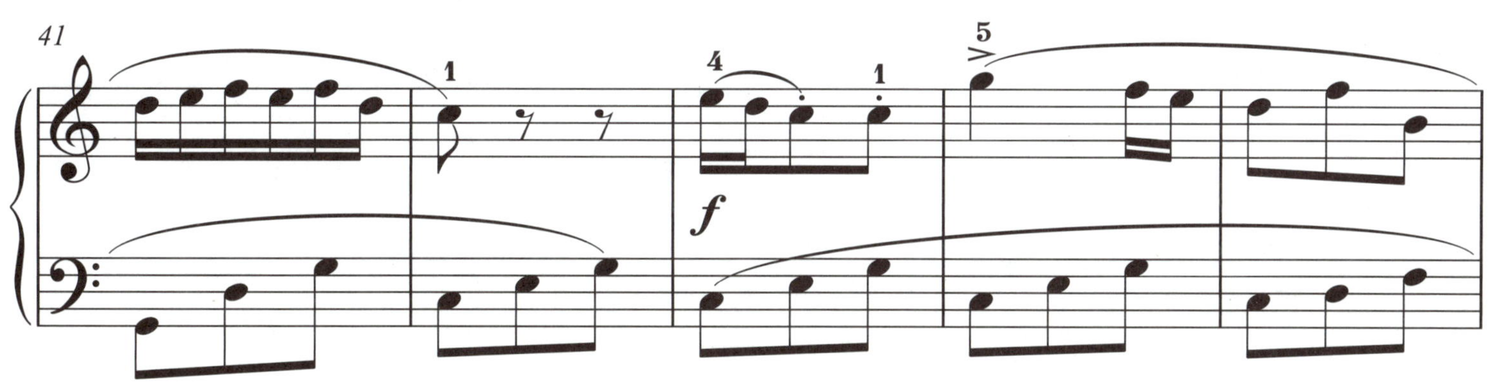

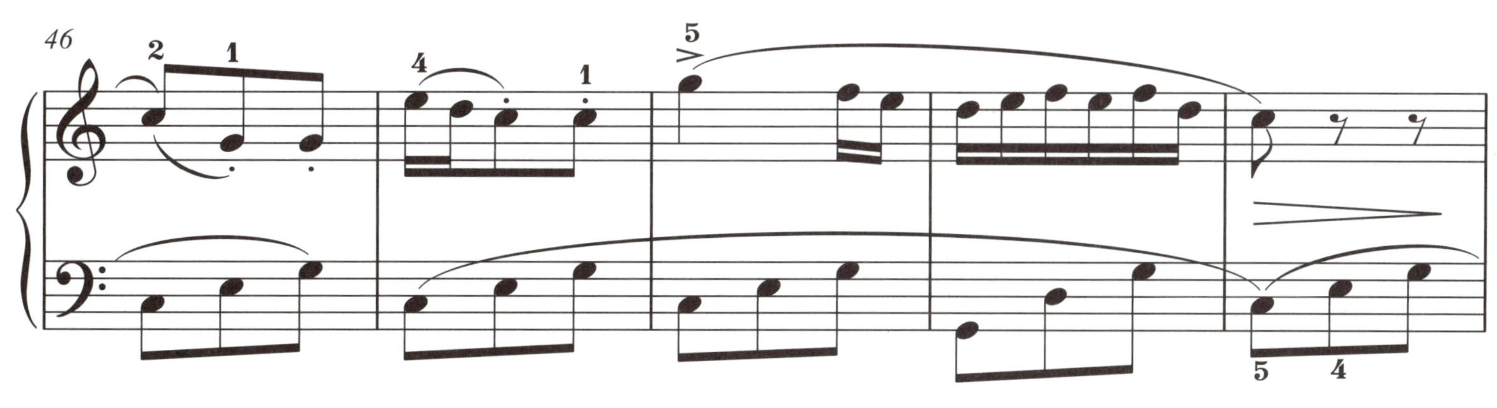

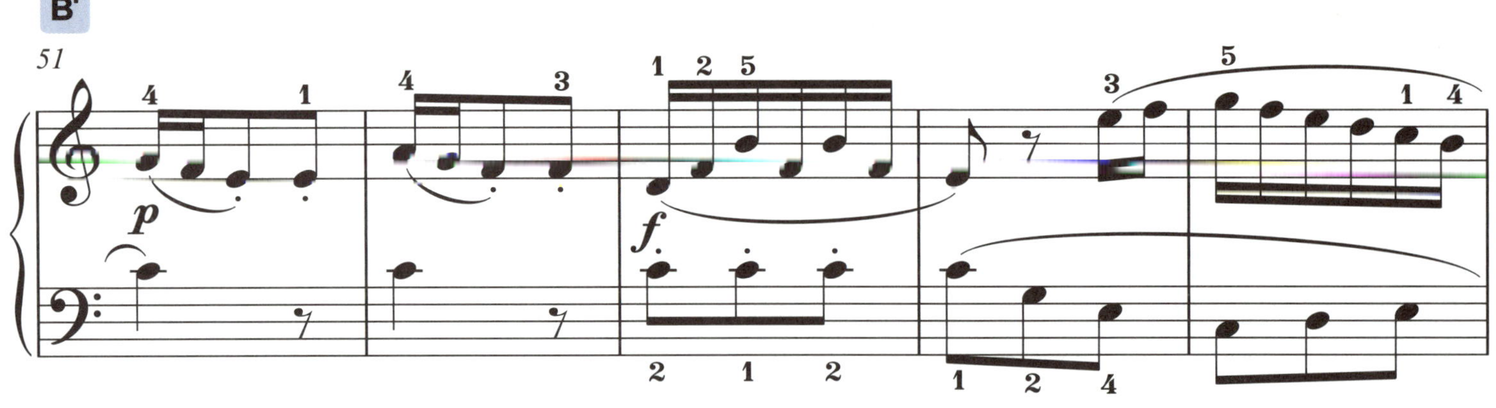

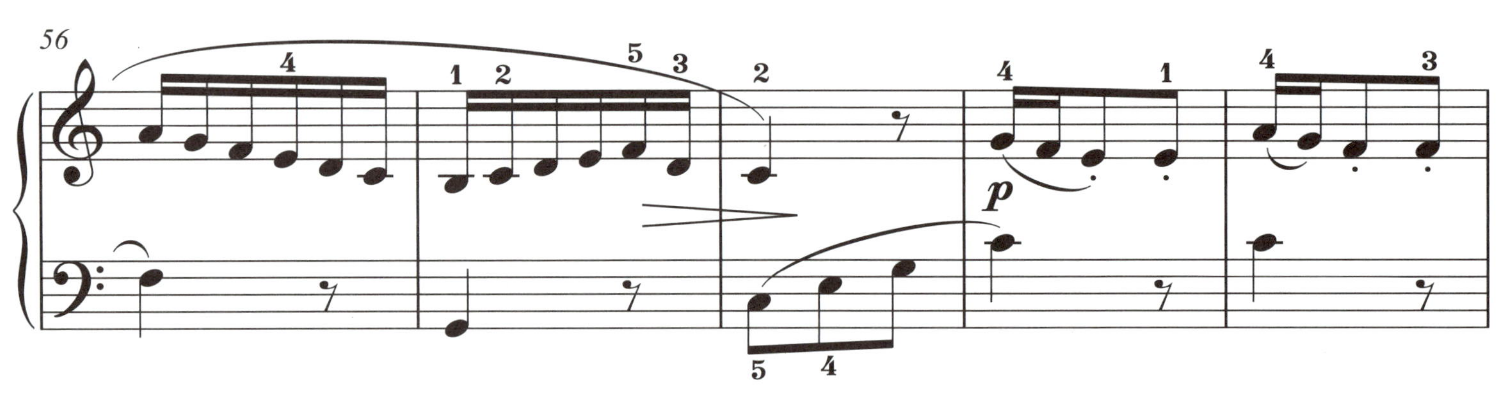

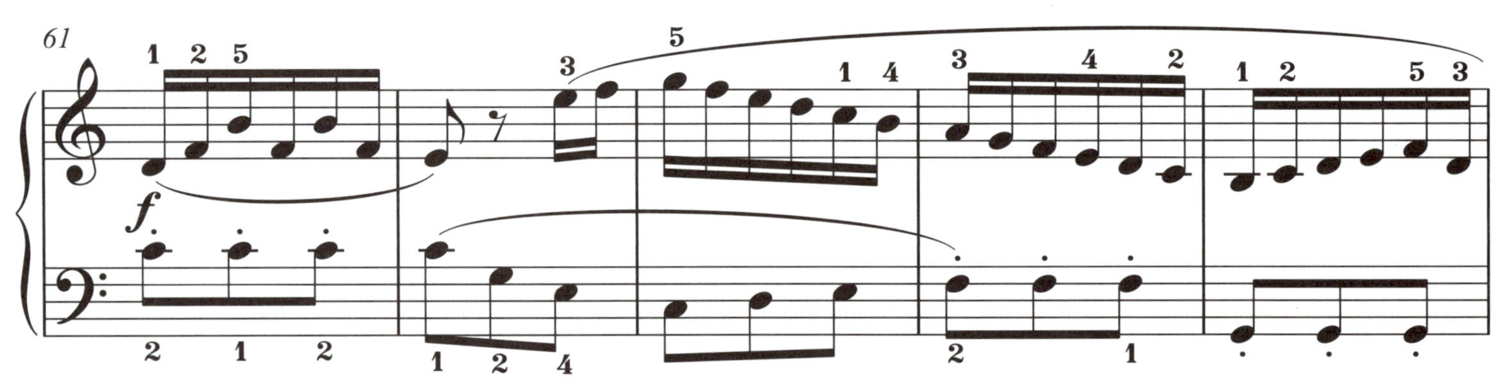

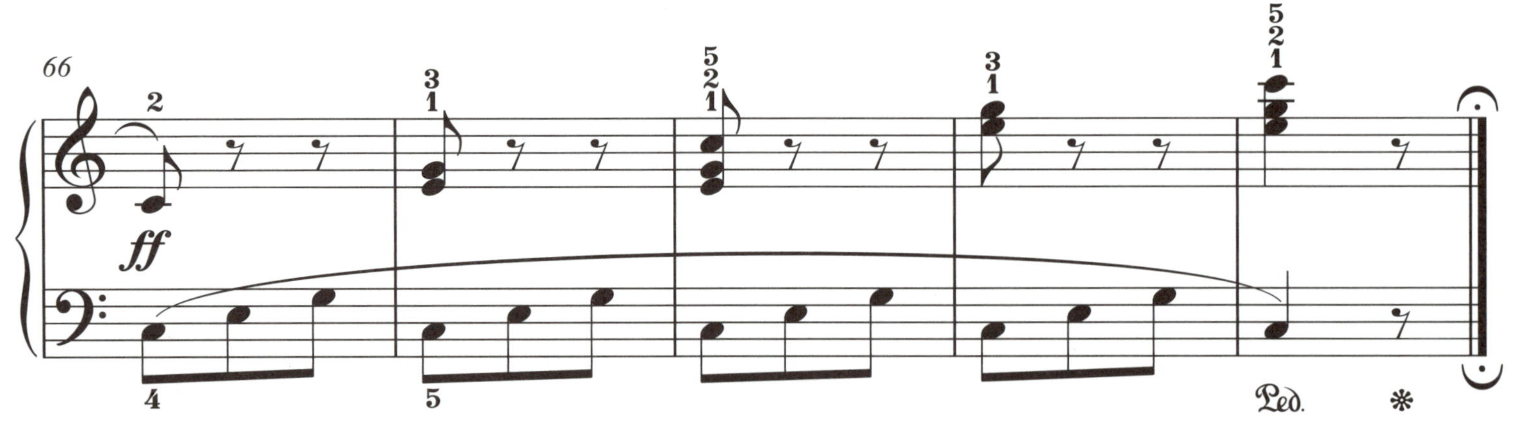

❈ A. Reinagle (라이너글 / 1756-1809)

영국 태생의 미국 작곡가, 오르간 연주가, 연극 음악가로, 모차르트와 가까운 친구였으며 하이든, 클레멘티, 모차르트의 영향을 받았다.

❈ F. Kuhlau (쿨라우 / 1786-1832)

덴마크 작곡가이자 피아니스트인 쿨라우는 베토벤과 친구가 되어 그의 작품에도 영향을 많이 받았다. 오페라, 성악, 기악 및 피아노 작품을 썼으며 오늘날에도 여전히 교육 작품으로 평가된다.

❈ A. Diabelli (디아벨리 / 1781-1858)

오스트리아의 작곡가, 편집자 및 출판업자로서 베토벤의 <디아벨리의 왈츠에 의한 33개의 변주곡> 작곡가로 우리에게 알려져 있다.

❈ N. Mozart (난넬 모차르트 / 1751-1829)

Maria Anna Mozart는 모차르트의 누나이며 'Nannerl(난넬)'이라는 별명을 가진 오스트리아의 여성 작곡가이다. 뛰어난 하프시코드 연주자이자 피아니스트로 주목을 받았다.

❈ S. Arnold (아놀드 / 1740-1802)

고전주의 시대 영국의 작곡가로 하이든의 절친한 친구였다. 1764년경에 극장을 위한 음악을 쓰기 시작했고, 몇 년 후 메리본 가든(Marylebone Gardens)의 음악감독이 되었으며 많은 대중음악을 작곡하였다.

❈ J. T. Latour (라투르 / 1766-1837)

프랑스의 피아니스트이자 작곡가. 초급 피아노 학생들을 위해 각색된 여러 피아노 소나티나를 작곡하였다.

❈ M. Clementi (클레멘티 / 1752-1832)

이탈리아의 작곡가, 거장 피아니스트, 교육자, 지휘자.
피아노 연습곡 <그라두스 아드 파르나숨(Gradus ad Parnassum)>을 출판하여 근대적인 피아노 연주 기술을 확립하였고 '피아노의 아버지'로 불린다.

❈ A. Schmoll (슈몰 / 1841-1925)

독일 출신의 프랑스 피아니스트, 작곡가인 그는 화성, 대위법, 작곡을 연구했으며 탄탄한 음악적 자질로 인해 음악교육자로도 알려졌다. 슈몰의 작품 대부분은 피아노를 위해 작곡되었다.

❈ F. Spindler (스핀들러 / 1817-1905)

독일의 피아니스트, 작곡가. 살롱곡, 실내악, 교향곡 및 대규모 형식과 자신의 제자들을 위해 작곡한 수많은 피아노 작품들로 유명하다.

En Promenade

10 Sonatines Progressives, Op. 62

A. Schmoll

악곡의 특징

슈몰(A. Schmoll)은 독일 출신의 프랑스 피아니스트이자 작곡가, 그리고 음악교육자였습니다.

이 곡은 한 박자 안에서 정확한 리듬 분할로 경쾌한 발걸음을 상상하며 연주합니다.

테크닉 레벨

<금쌤의 클랑클랑 체르니 100> 중 9, 12, 15, 17, 18번 수준

- 덧줄 응용, 리듬 분할, 빠른 알베르티 반주

Lesson Point

· 덧줄(<금쌤의 클랑클랑 체르니 100> 12번 Preview 참조)과
  리듬 분할의 개념을 확인합니다.

Pre - Etude

En Promenade(산책)

10 Sonatines Progressives, Op. 62

A. Schmoll
(슈몰)

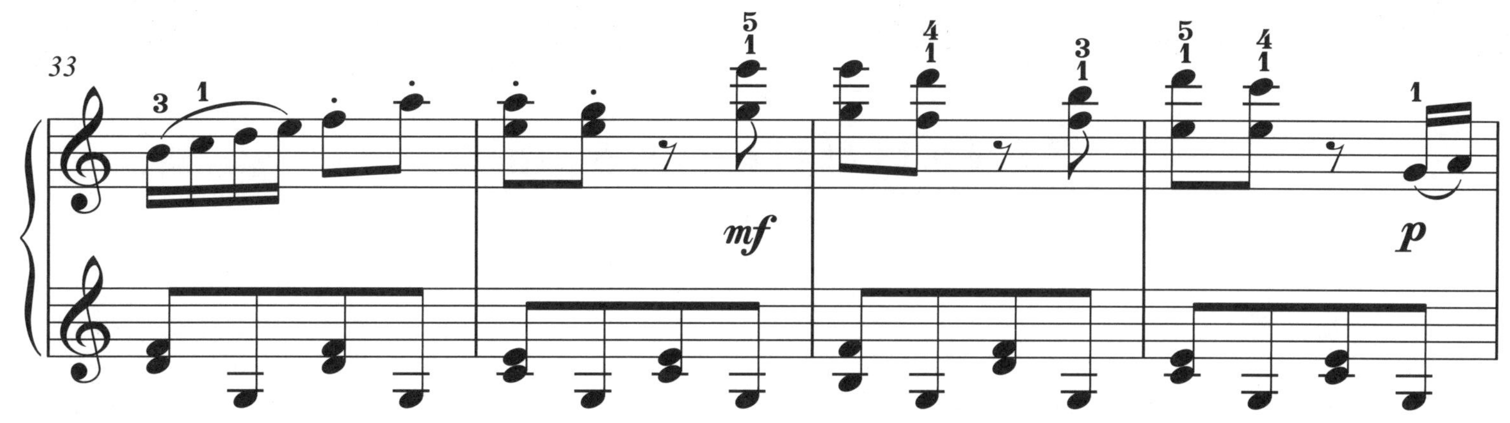

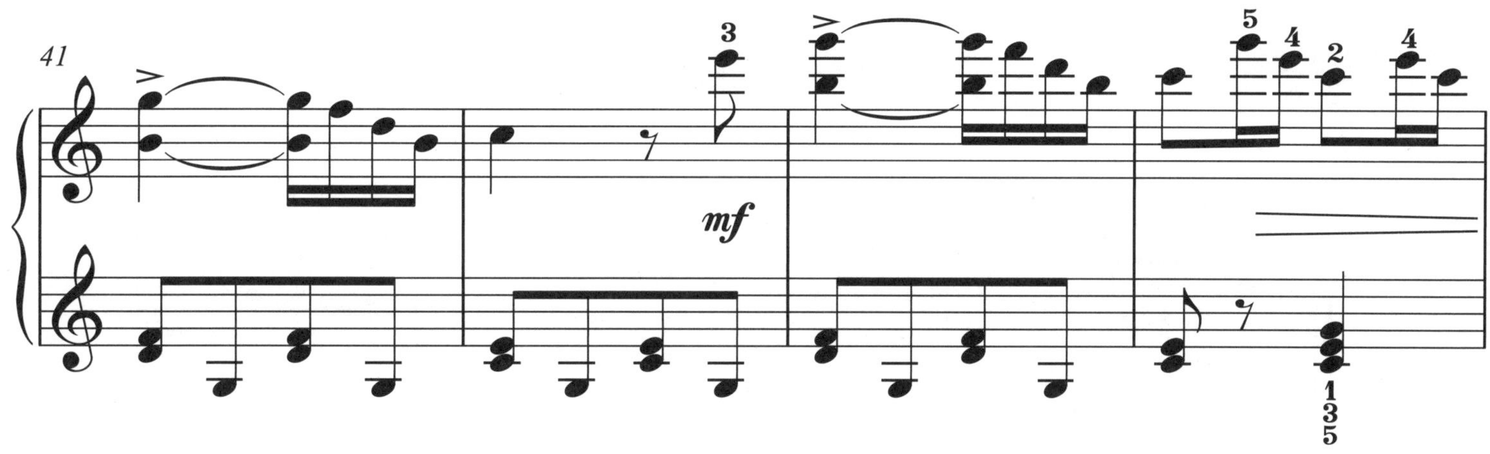

* 악보 보기의 편의성을 위해 갖춘마디로 표기하였습니다.

Sonatina in C Major

Op. 157, No. 4, 1st mov.

F. Spindler

악곡의 특징

모방 기법(따라 하기) : 바로크 시대에 유행한 기법으로 주선율이 다른 성부에서 대화하듯 따라 나오는 것을 말합니다.
양손의 모방 기법을 표현합니다.

테크닉 레벨

<금쌤의 클랑클랑 체르니 100> 중 8, 9, 10, 14번 / 테크닉 레시피 4번 수준

- 양손 독립, 모방 기법, 스타카티시모, 임시표

Lesson Point

· 임시표에 주의해서 연주합니다.
· 왼손 모방 선율과 쉼표 및 박자에 주의합니다.

Pre - Etude

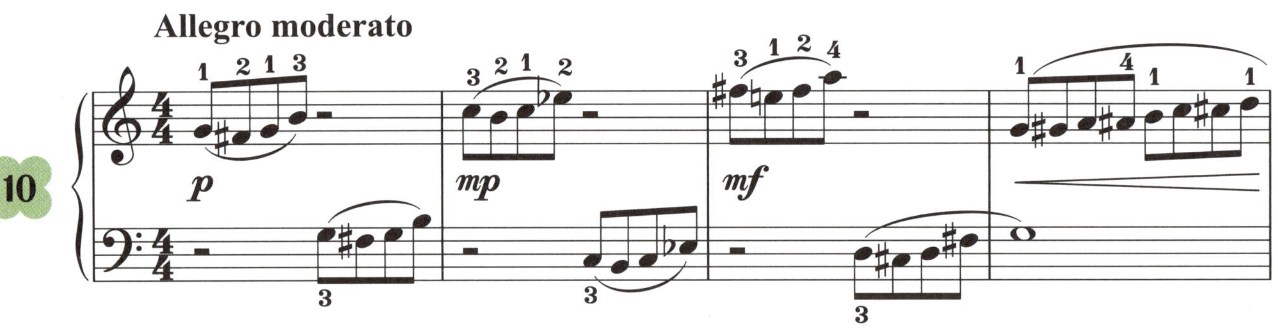

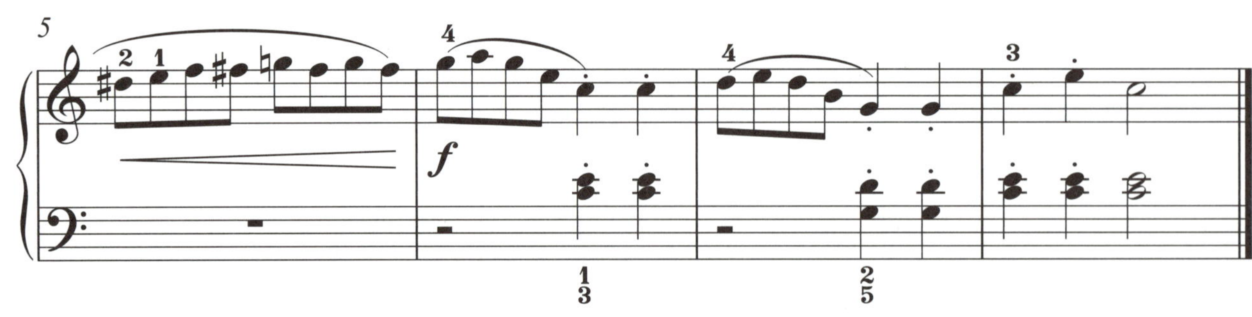

Sonatina(소나티나) in C Major

Op. 157, No. 4, 1st mov.

10

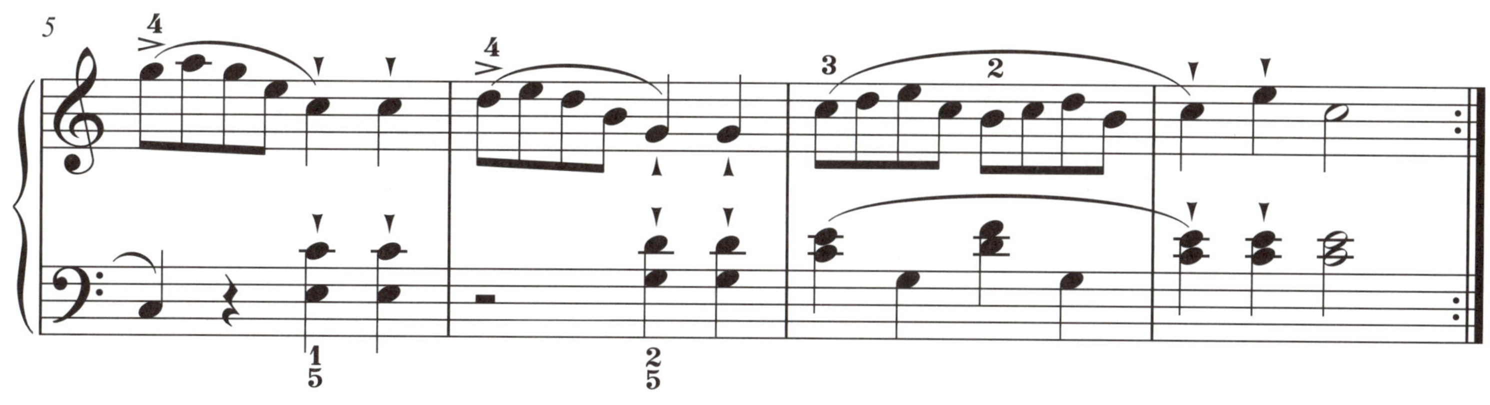

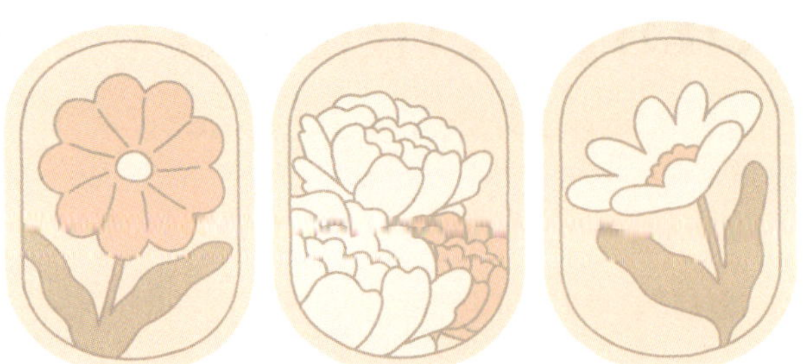

오른손의 노래를 따라하는 왼손의 모방선율을 같은 색으로 표시했어요.

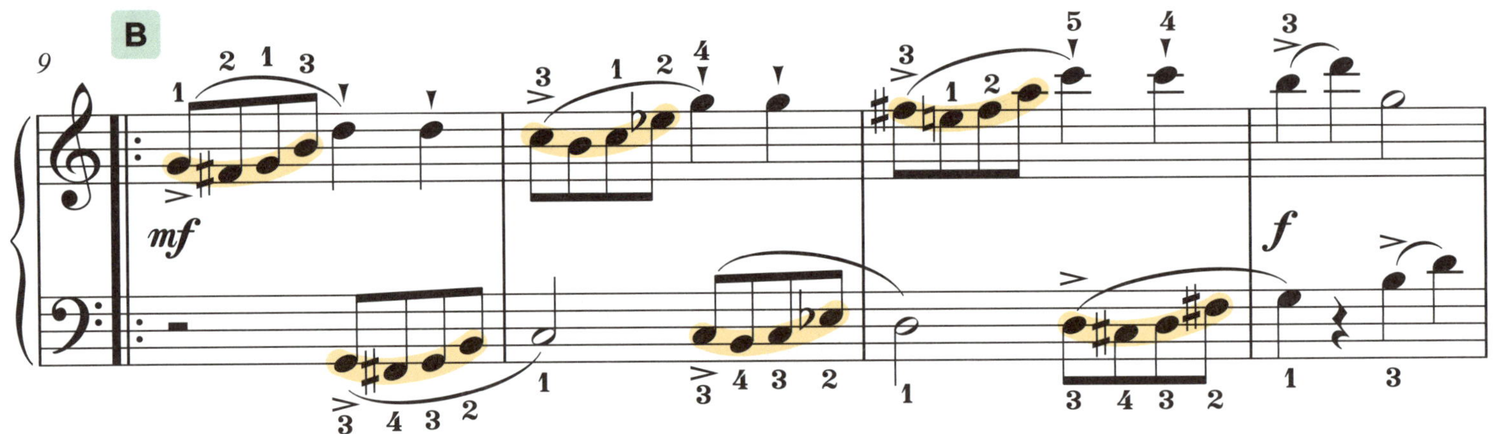

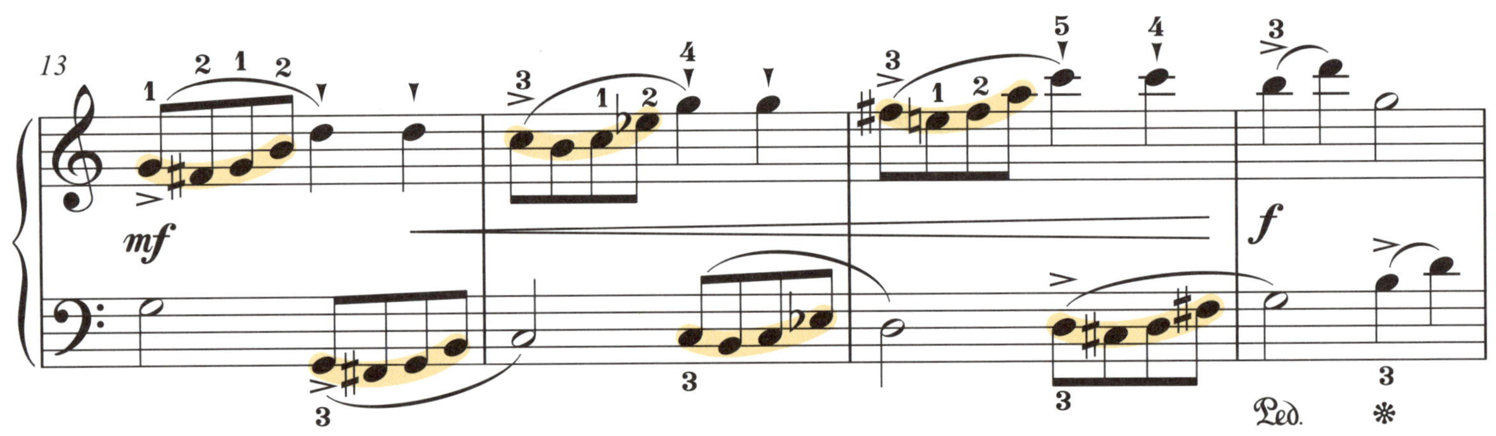
반음계 주의

Ped.

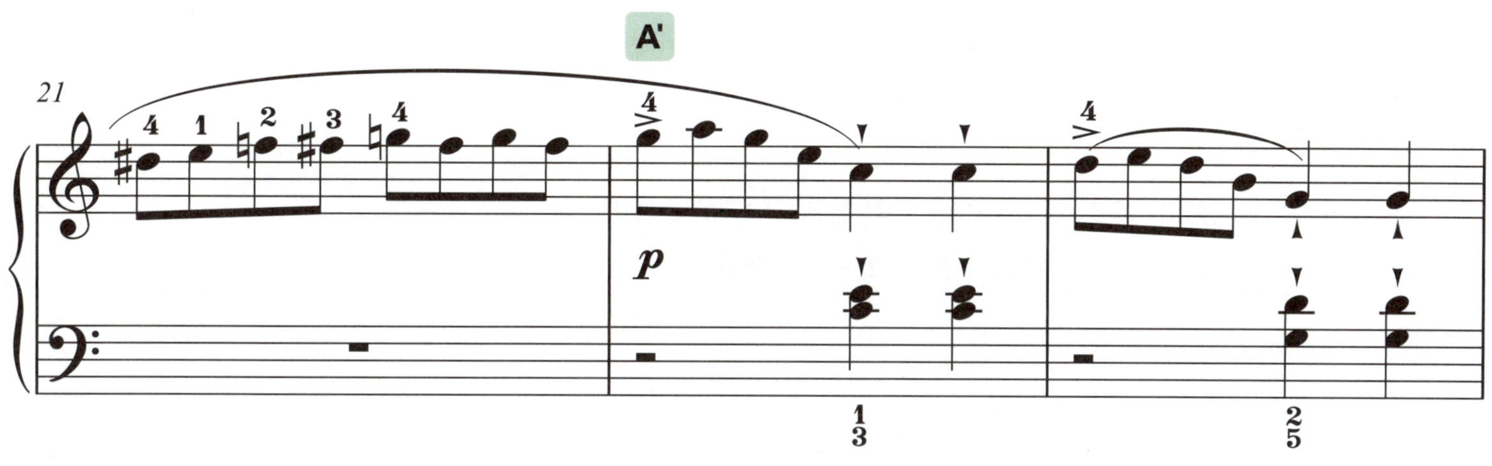

A'
21
p

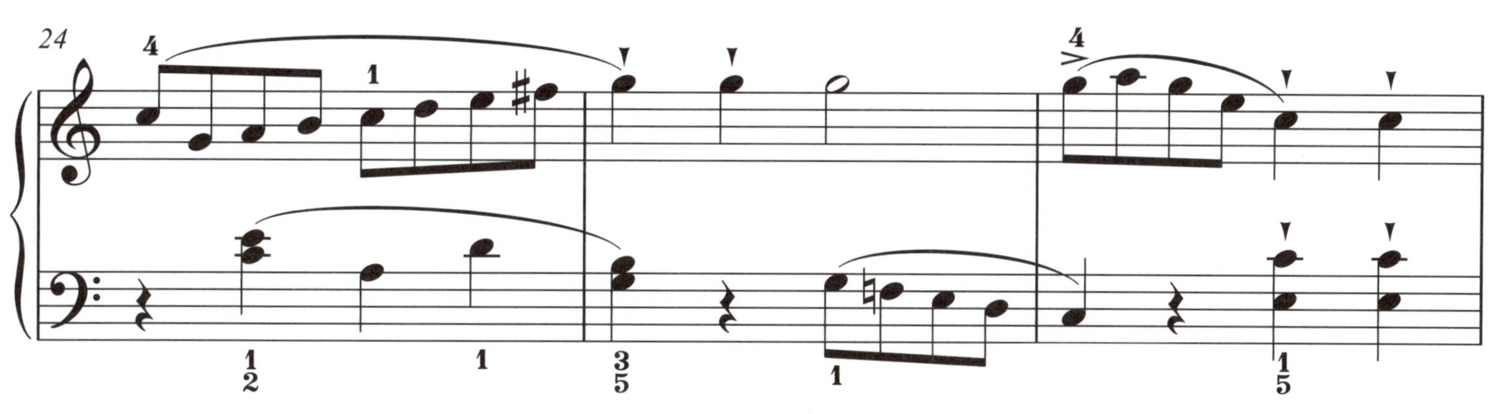

24

27
Ped.

11

Ecossaise

50 Pieces for Beginners, Op. 38, No. 23

J. W. Hässler

 **악곡의 특징**

Ecossaise(에코세즈) : 18세기 말에 영국과 프랑스에 나타나 19세기 초에 유행한 빠른 템포의 $\frac{2}{4}$박자 소품입니다. 귀엽고 익살스러운 리듬을 경쾌하게 노래해 봅니다.

테크닉 레벨

<금쌤의 클랑클랑 체르니 100> 중 9, 12, 13, 14번 / 테크닉 레시피 4번 수준

- 넓은 건반 음역, 스타카티시모의 주요 음형 표현, 사장조 음계

Lesson Point

· 넓은 음역을 도약하는 ♫의 발랄한 주요 음형과
  왼손의 Staccatissimo(스타카티시모)의 멋진 대선율을 살려서 연주합니다.

Pre - Etude

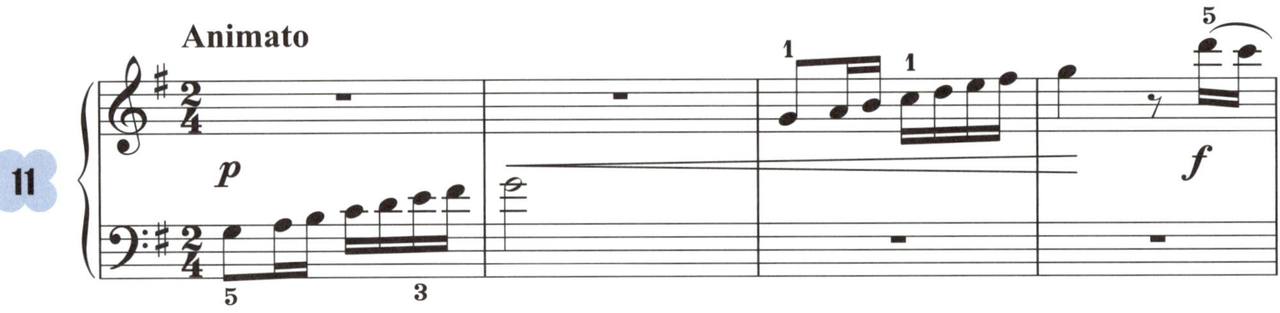

Ecossaise(에코세즈)

50 Pieces for Beginners, Op. 38, No. 23

J. W. Hässler
(하슬러)

Animato

11

The Grand Procession

Scenes from Alice in Wonderland, Op. 50, No. 4

F. Lynes

악곡의 특징

라인즈(F. Lynes)의 '이상한 나라의 앨리스' 중 4번째 곡으로 <The Grand Procession>은 '대행렬'이라는 즐거운 곡입니다. 이상한 나라의 여왕과 카드 병정들의 행렬을 상상하며 규칙적인 리듬으로 연주합니다.

테크닉 레벨

<금쌤의 클랑클랑 체르니 100> 중 11, 14, 15, 18번 / 테크닉 레시피 5번 수준
- 겹음정 멜로디의 규칙적인 리듬, 가락 음정의 왼손 반주

Lesson Point

- 겹음 멜로디는 음정의 간격을 탄탄한 손 모양으로 하고 윗소리를 돋보이게 연주합니다.
- 겹음 멜로디의 윗소리가 잘 들리도록 연습합니다.

Pre - Etude

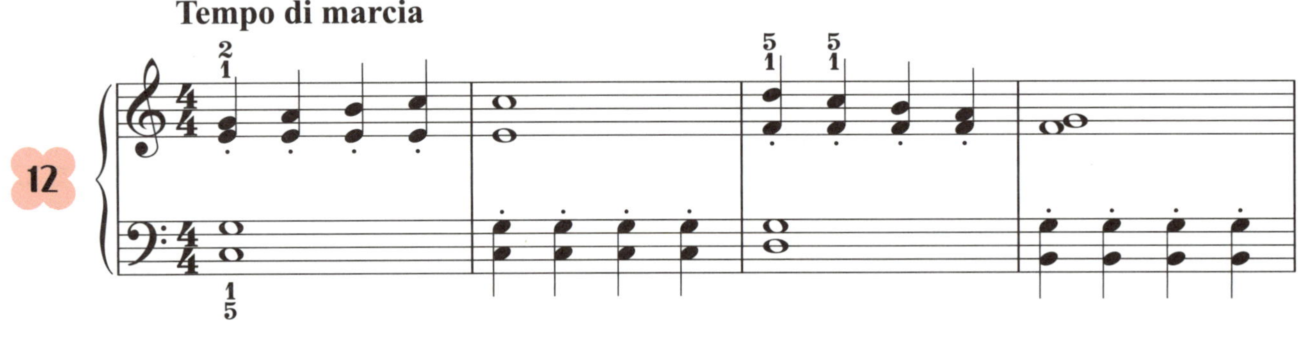

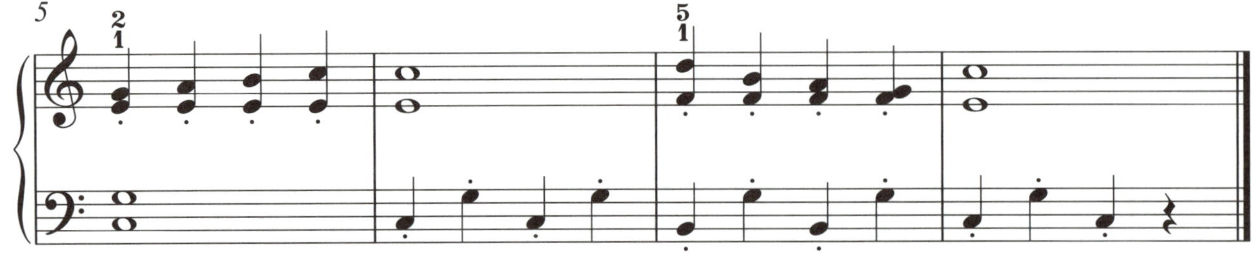

The Grand Procession(대행렬)

Scenes from Alice in Wonderland, Op. 50, No. 4

 반복 시, 셈여림은 *f*, 오른손은 한 옥타브 위에서 연주하세요.

F. Lynes
(라인즈)

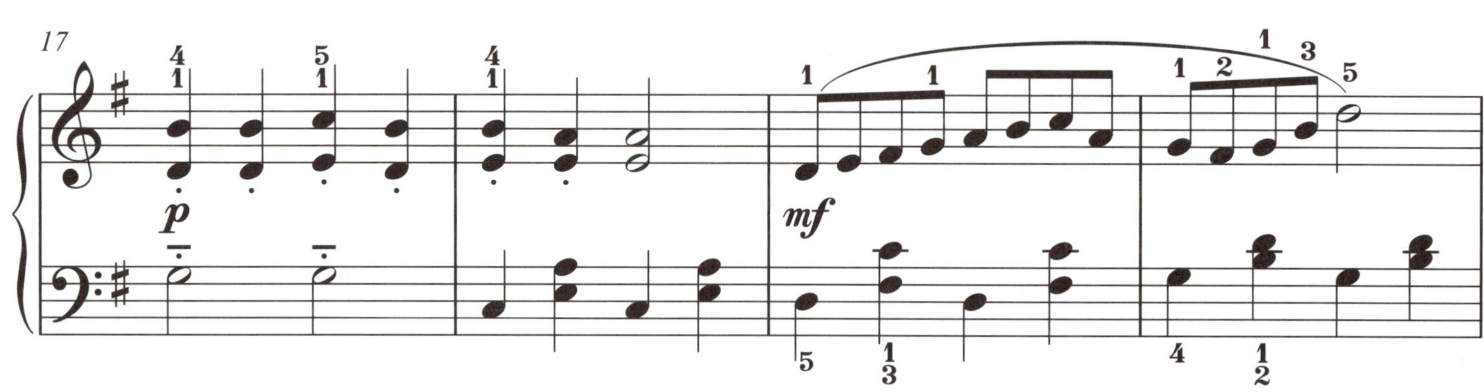

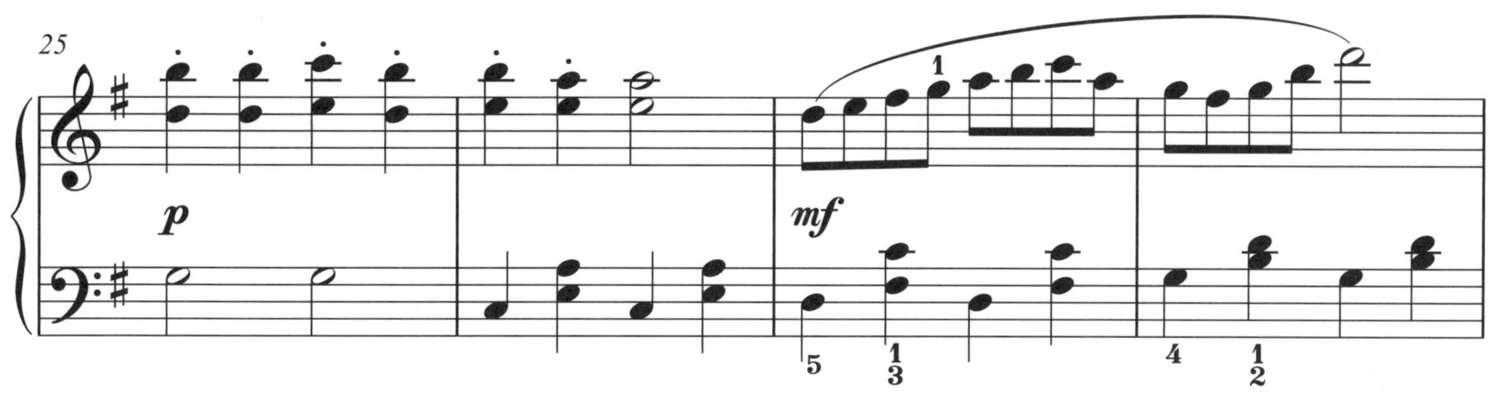

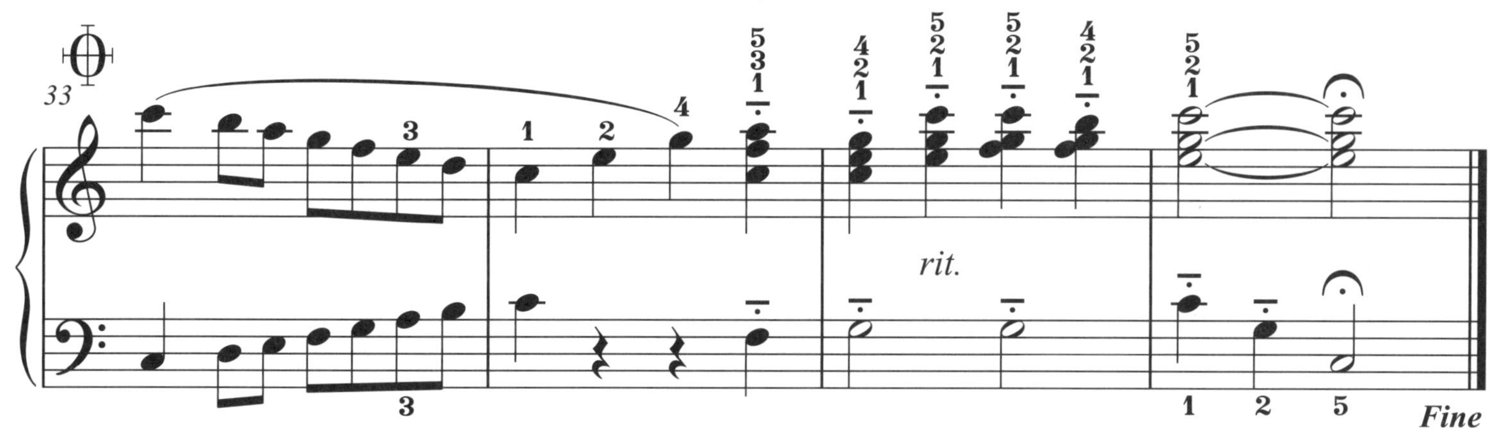

*편곡 버전입니다.

13

Soldatenmarsch

Album für die Jugend, Op. 68, No. 2

R. Schumann

악곡의 특징

행진곡은 씩씩하고 활기찬 리듬으로 행진하는 2박자, 4박자로 작곡됩니다. 이 곡은 슈만(R. Schumann)의 $\frac{2}{4}$박자 '군대 행진곡'입니다. 경쾌한 부점과 일정한 리듬을 살려 꼬마 병정들의 행진을 표현합니다.

테크닉 레벨

<금쌤의 클랑클랑 체르니 100> 중 15, 19, 21번 수준

- 사장조, 탄탄한 화음 진행, 윗성부 선율 노래

Lesson Point 🍀

· 화음의 각 성부를 조화롭게 연주하려면 Pre - Etude 의 Step 1, Step 2로 연습합니다.

Pre - Etude

Allegretto

Step 1 - Soprano : 윗소리가 잘 들리게 연주

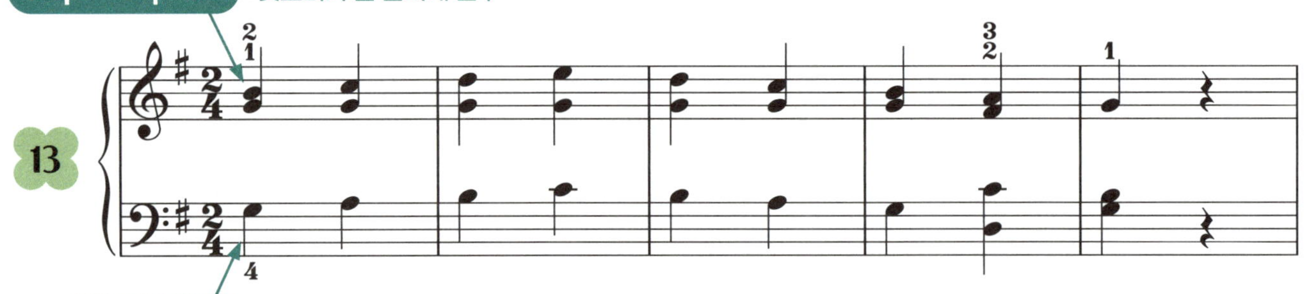

Step 2 - Bass : 왼손 무게 집중해서 연주

Soldatenmarsch(군대 행진곡)

Album für die Jugend, Op. 68, No. 2

R. Schumann
(슈만)

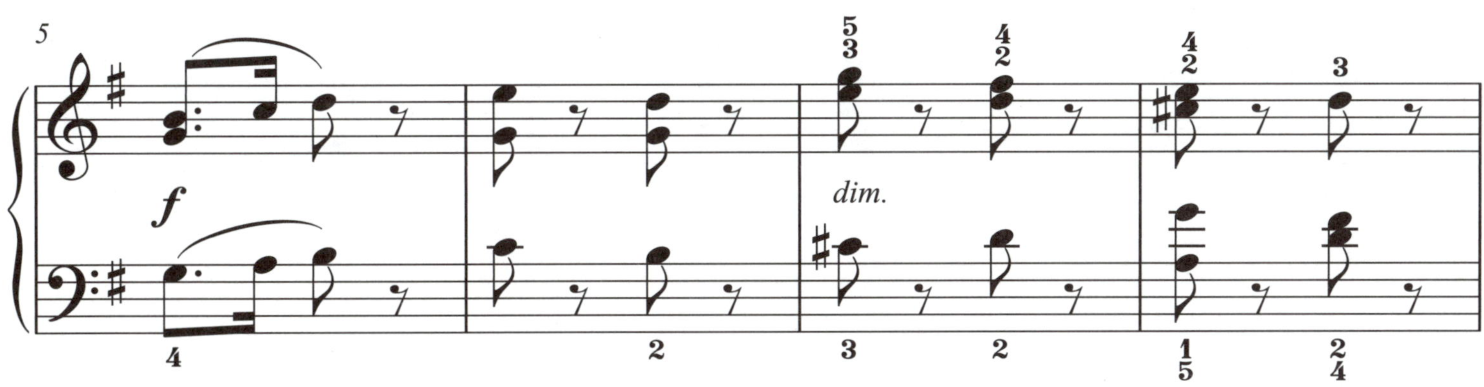

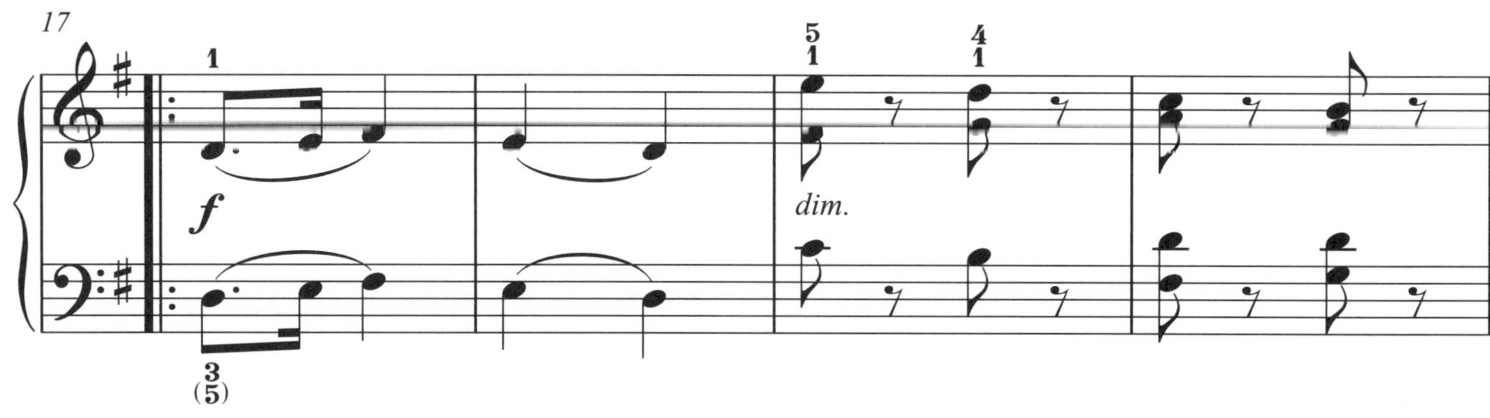
17
f
dim.

21
f
dim.

25
f
dim.

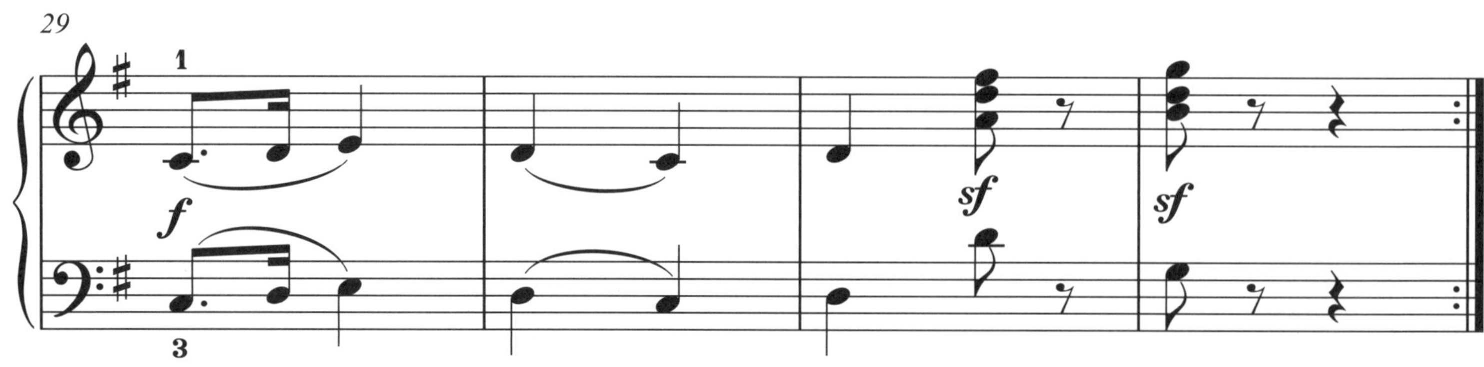
29
f
sf
sf
* 편곡 버전입니다.

Sonatina in C Major

6 Sonatinas, Op. 36, No. 3, 3rd mov.

M. Clementi

악곡의 특징

고르고 재빠른 손가락과 유연한 손목 아티큘레이션의 조화로 활발하고 생기 있는 작은 소나타를 표현합니다.

테크닉 레벨

<금쌤의 클랑클랑 체르니 100> 중 테크닉 레시피 4, 5번 / 핑거 스쿨 4, 20번 수준

- 손가락 독립, 아티큘레이션의 악상 표현 연습

Lesson Point 

· 제1주제 왼손 반주의 스타카토는 건반에 손끝을 밀착해서 튕깁니다.

· 오른손 멜로디는 맑고 선명한 음색으로 4마디씩 한호흡으로 노래합니다.

Pre - Etude

Daily Practice Part

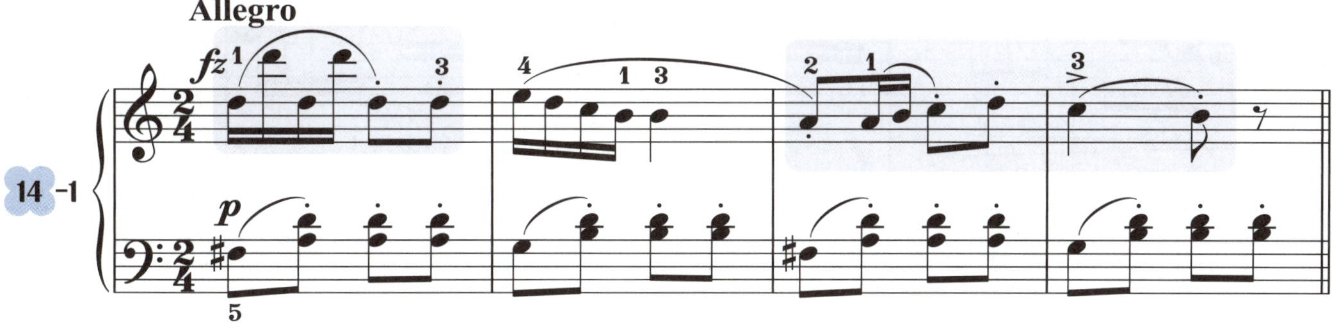

14 -1

14 -2

Sonatina(소나티나) in C Major

6 Sonatinas, Op. 36, No. 3, 3rd mov.

M. Clementi
(클레멘티)

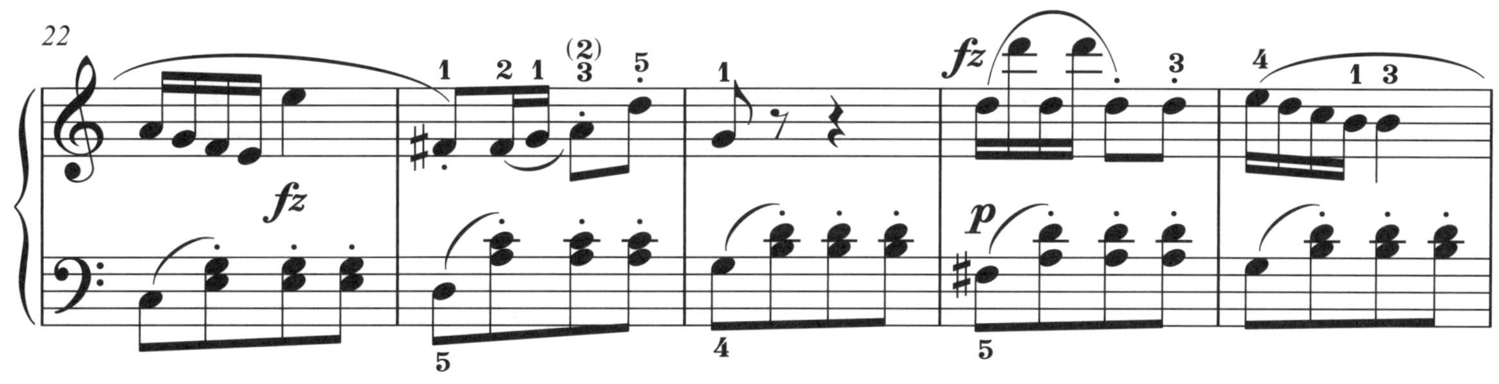
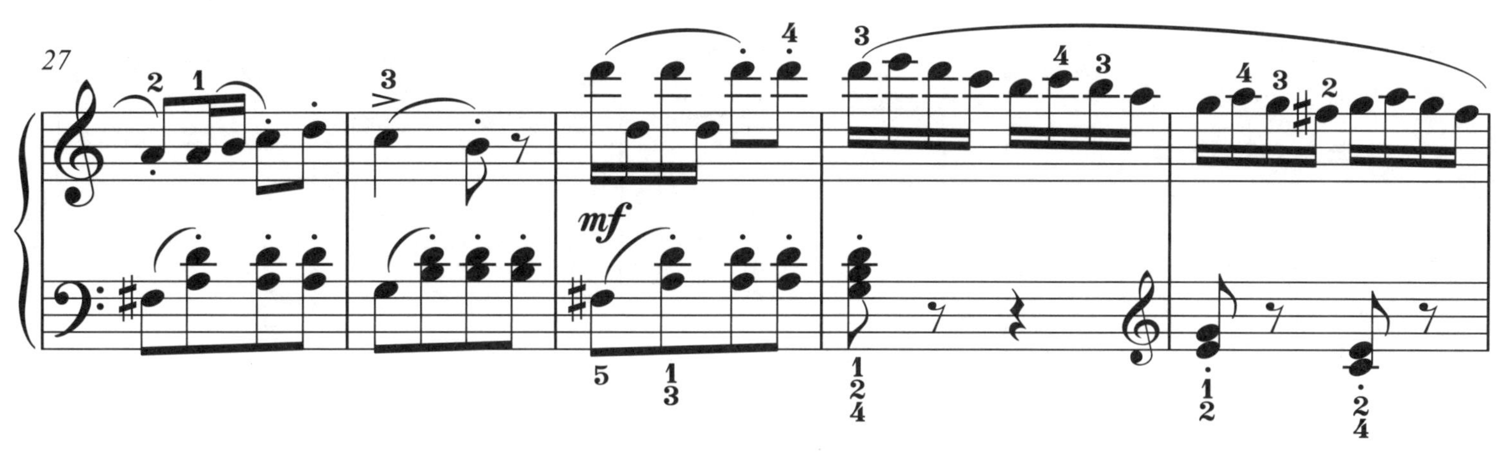
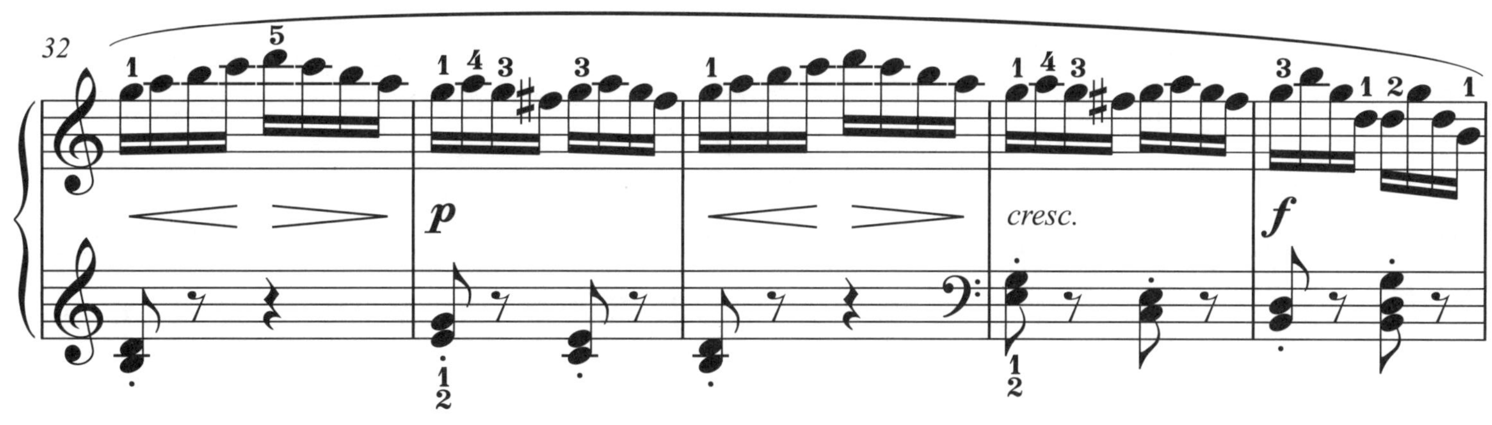
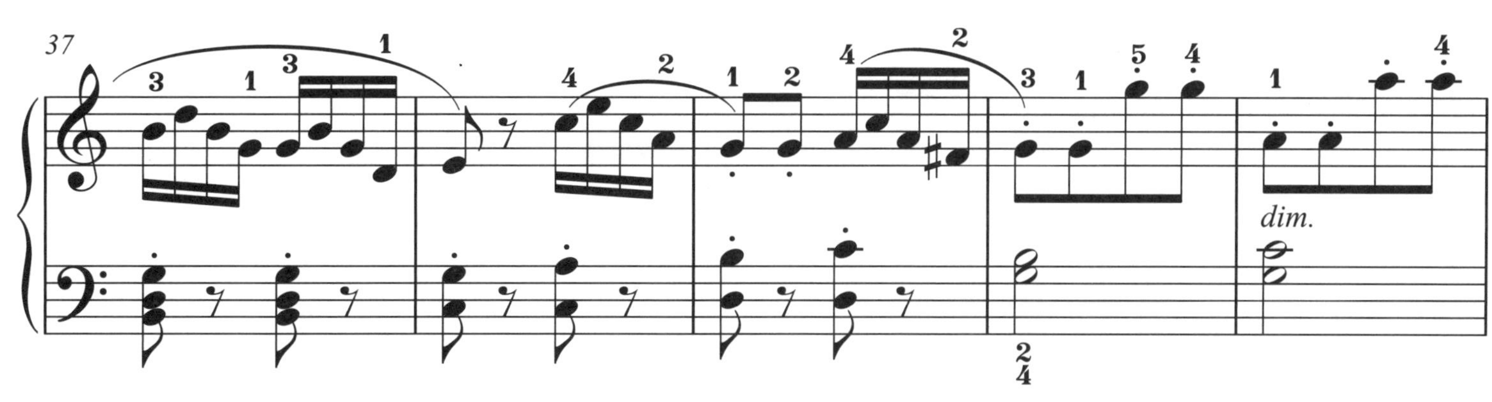

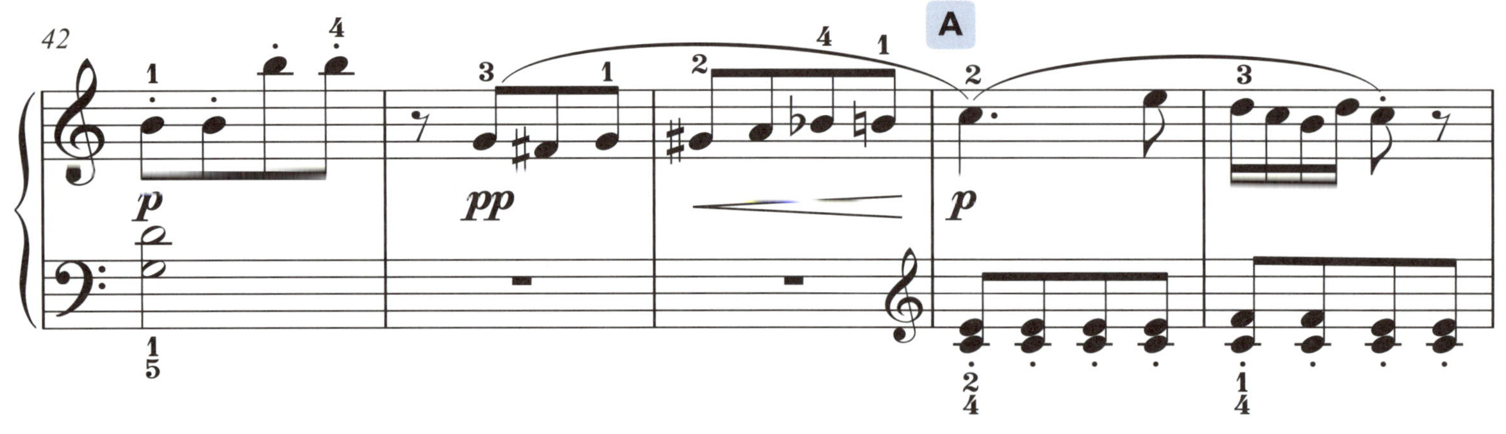

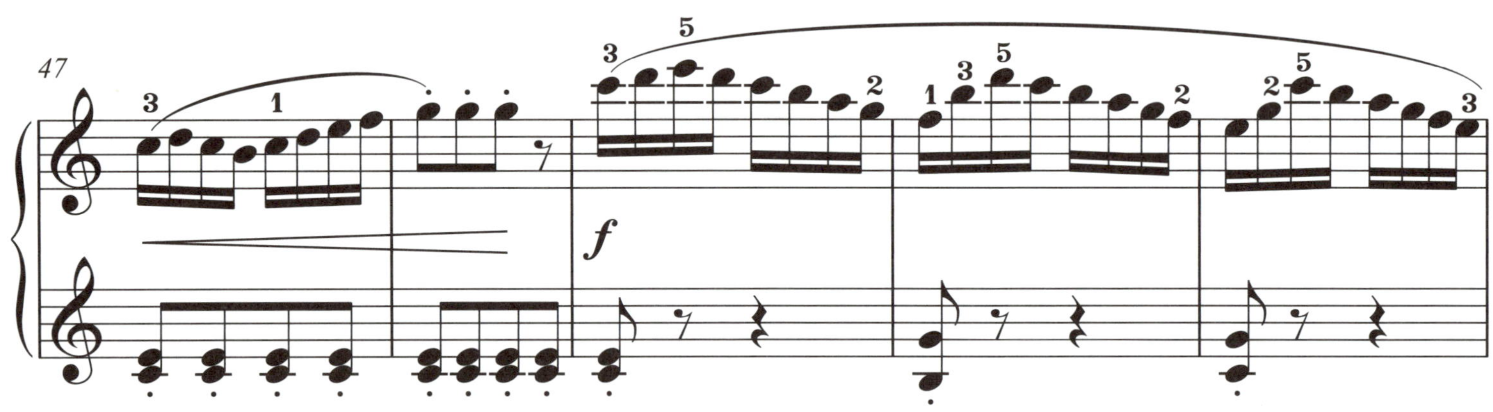

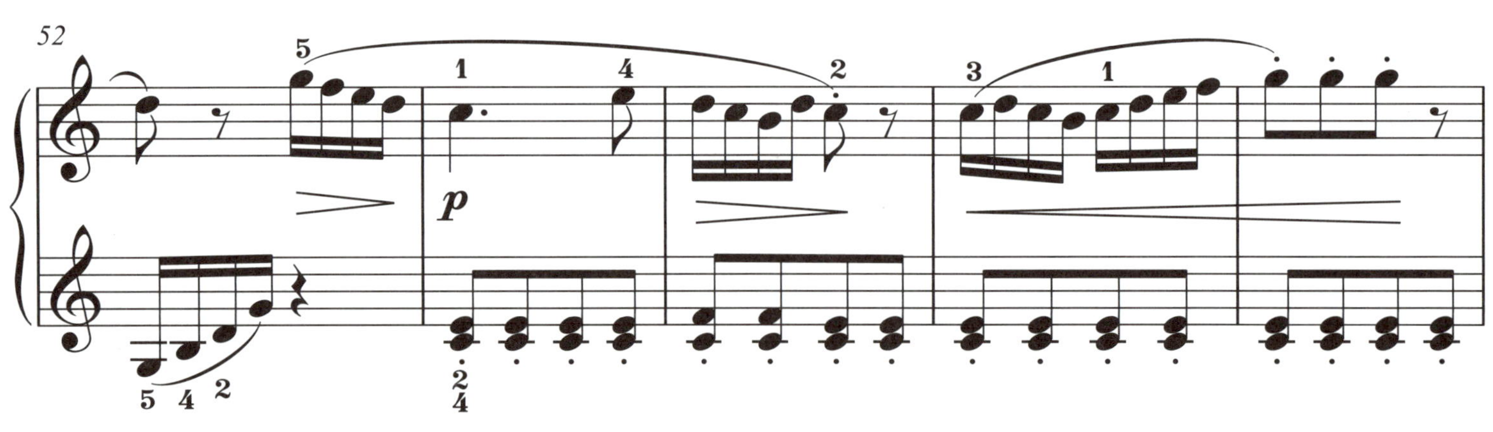

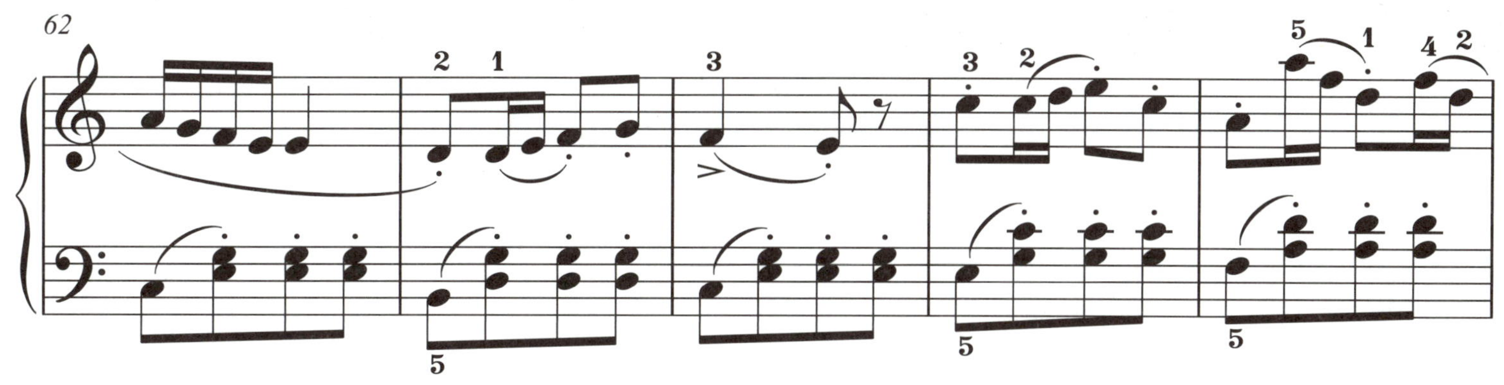

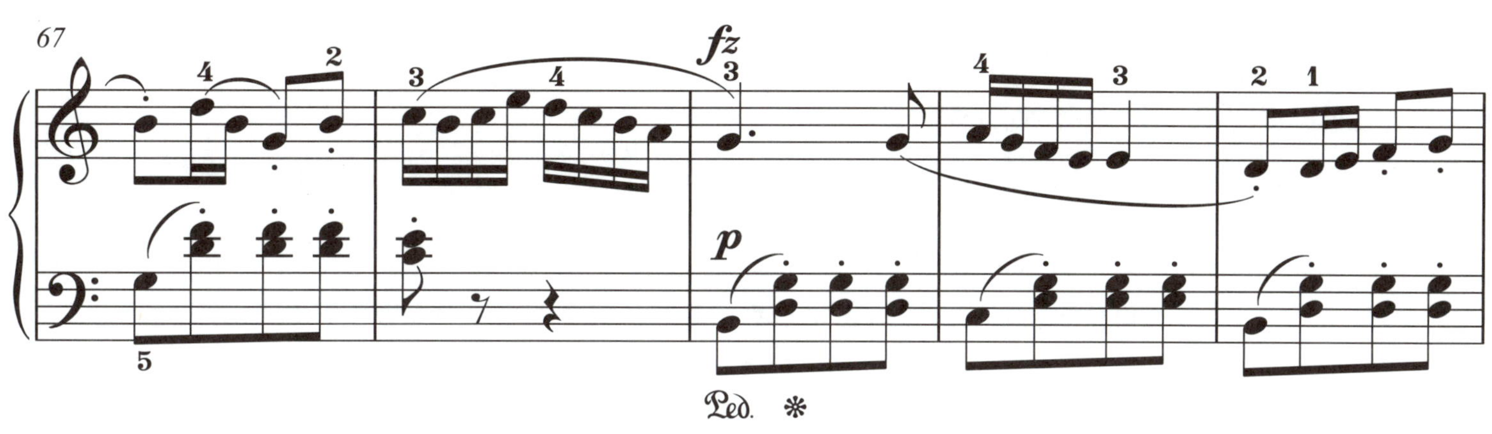
p
Ped.

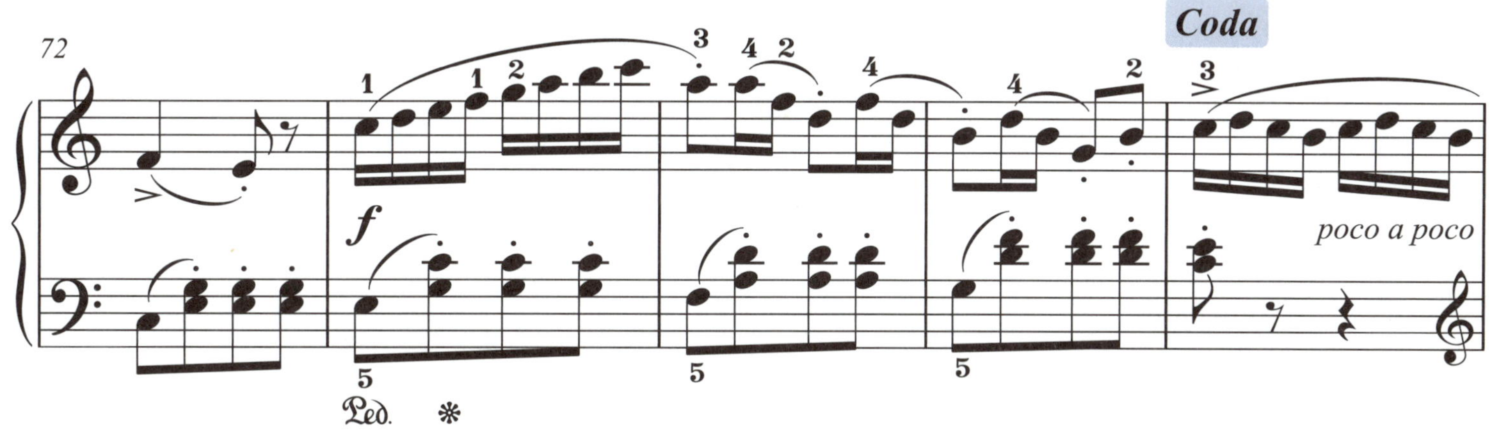
Coda
f
poco a poco
Ped.

dim.
p
f
Ped. Ped. Ped.

15

Polonaise

BWV Ahn. 119

J. S. Bach

 **악곡의 특징**

Polonaise(폴로네즈) : 폴란드의 대표적 민속 무용곡으로 16세기 말 궁정 행렬에서 시작된 보통 빠르기의
3박자 곡입니다.

테크닉 레벨

<금쌤의 클랑클랑 체르니 100> 중 15, 16번 수준
- 양손의 대위적 선율 진행, 아티큘레이션

Lesson Point

· 바로크 시대 작곡가 바흐가 주로 사용하던 작곡 기법인 대위법을 공부합니다.
· 폴로네즈의 리듬을 느끼며 연주합니다.

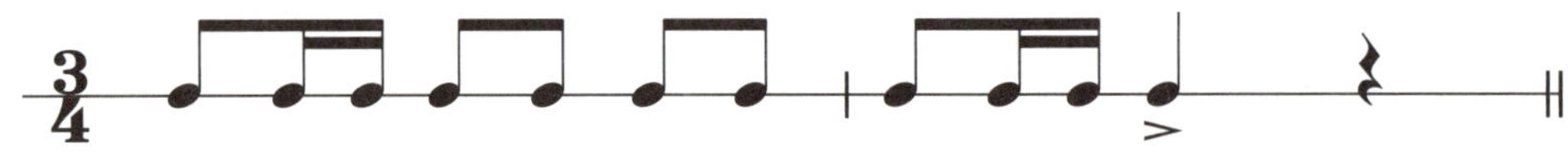

Pre - Etude

Polonaise(폴로네즈)

BWV Ahn. 119

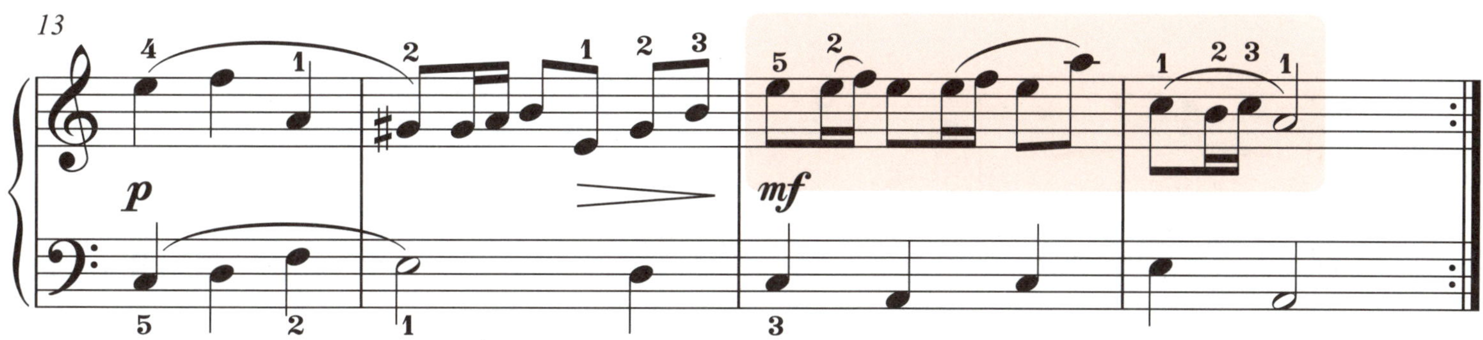

* 원곡은 g minor(사단조) 입니다.

16

Sonatina in C Major

6 Sonatines Progressives, Op. 34, No. 1, 2nd mov. Rondo

J. A. André

악곡의 특징

독일의 고전주의 작곡가 안드레(J. A. André)는 음악출판사업을 발전시키며 모차르트의 음악 유산을 전수하고 널리 전파한 음악가입니다. 양손의 성부 간의 넓은 음역으로 선율의 반복, 변화, 동형 진행 등을 찾아보세요.

테크닉 레벨

<금쌤의 클랑클랑 체르니 100> 중 16, 17번 수준

- 이음줄, 손목 회전, 양손 성부 진행, 섬세한 아티큘레이션

Lesson Point

· 왼손 ♫ → ♫♫ 반주부의 리듬 변화에도 박자를 일정하게 유지하여 연주합니다.

Pre - Etude

Allegretto

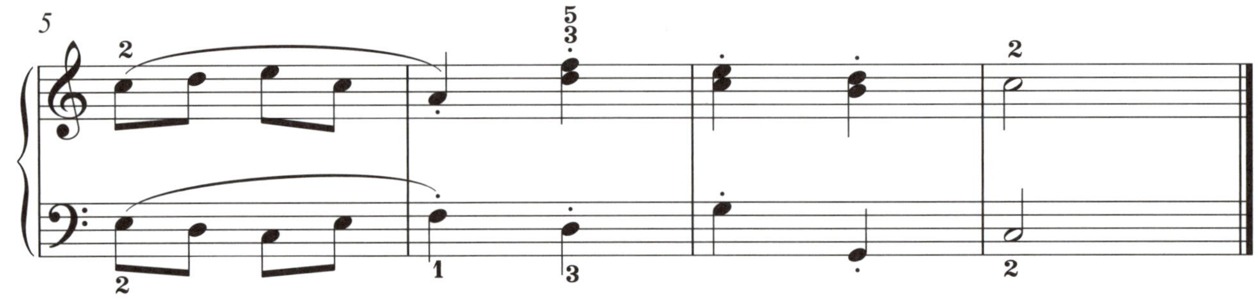

Sonatina(소나티나) in C Major

6 Sonatines Progressives, Op. 34, No. 1, 2nd mov. Rondo

J. A. André
(안드레)

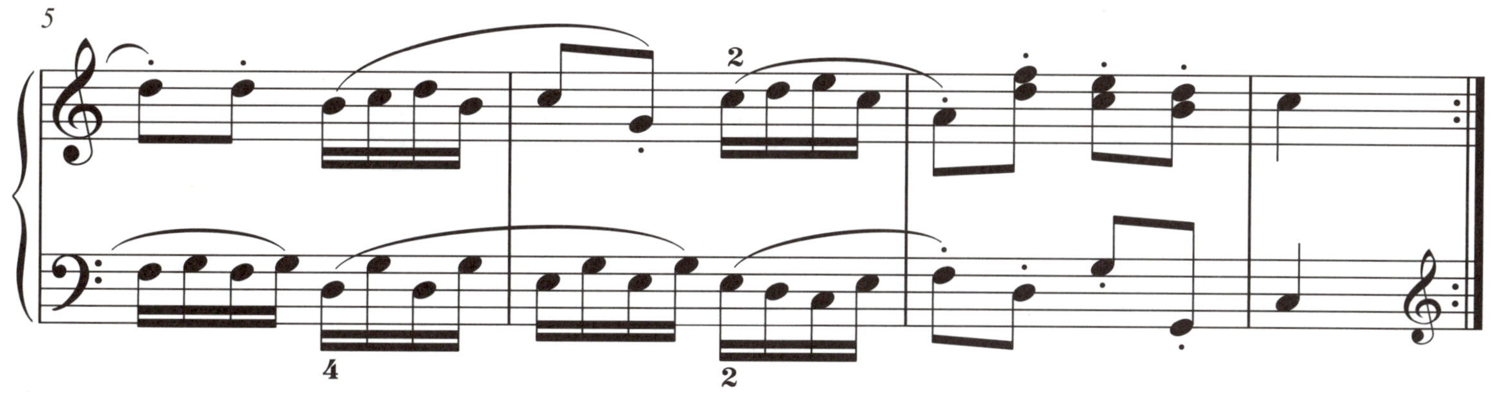

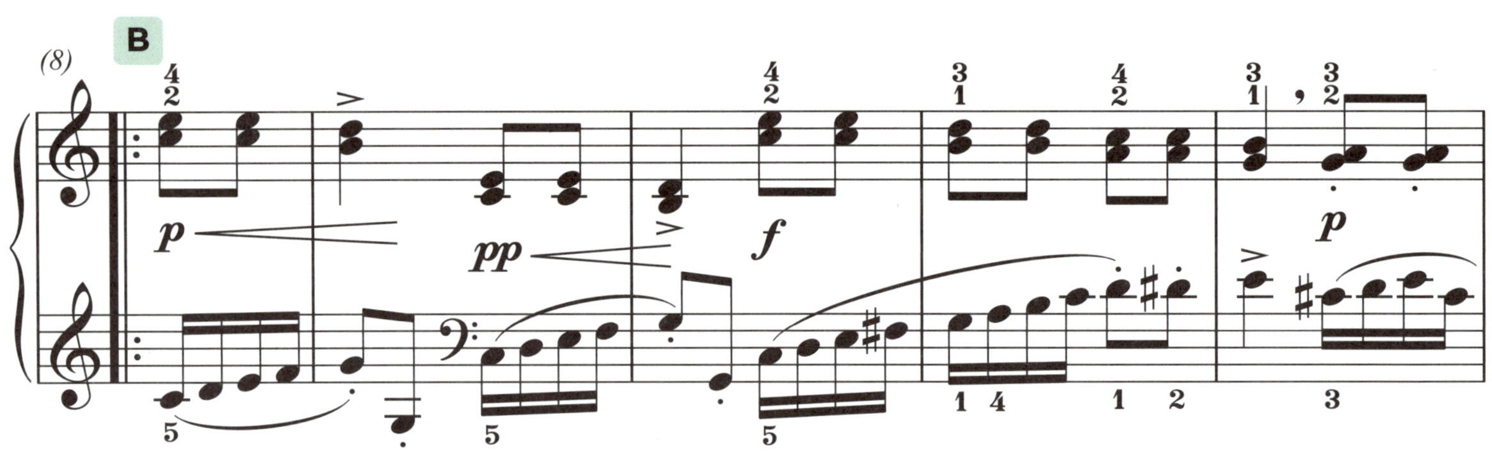
(8)
B
p
pp
f
p

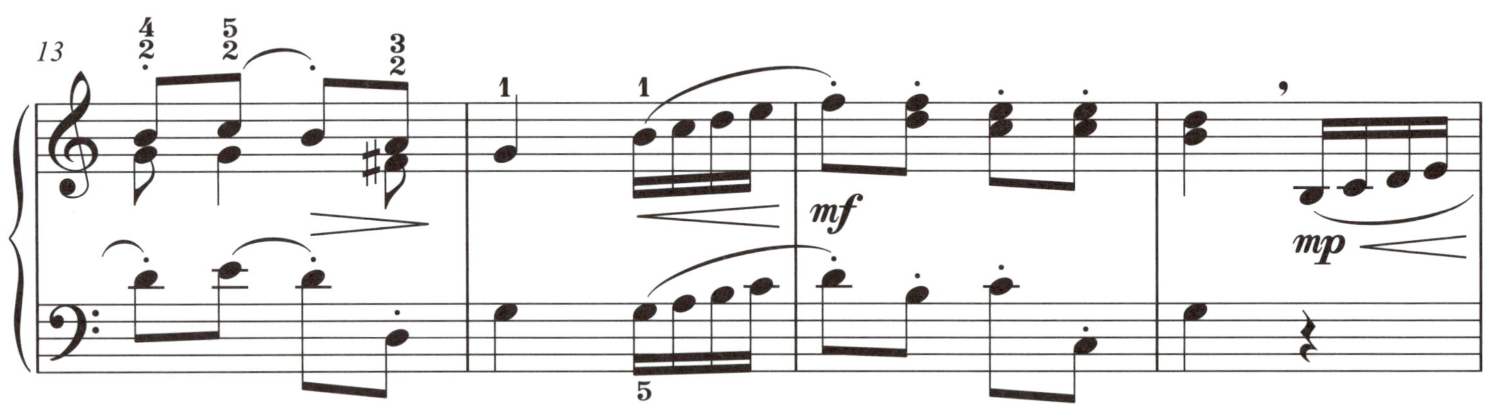
13
mf
mp

17

22
A
p
p

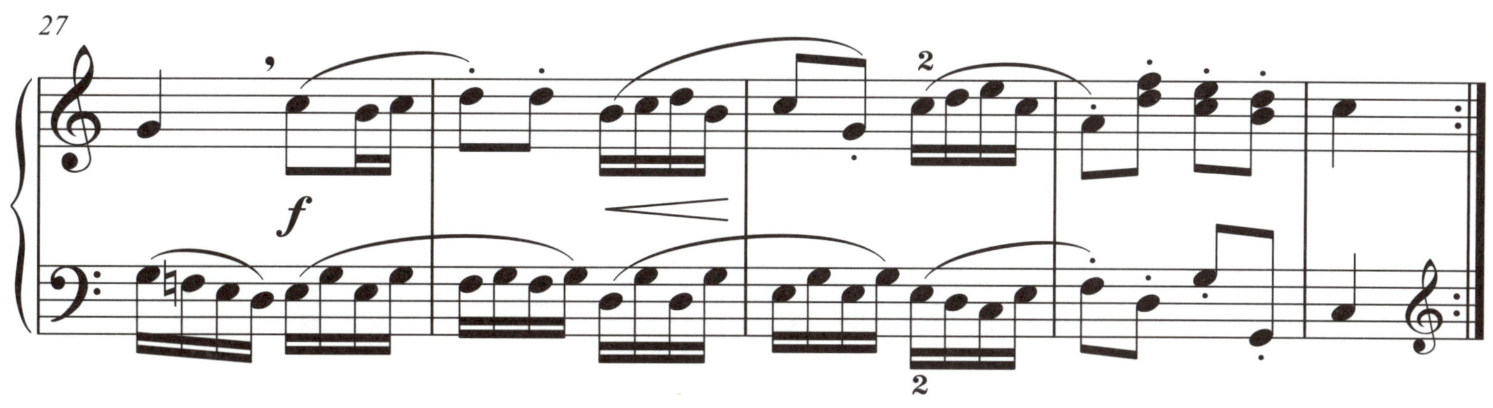
27
f

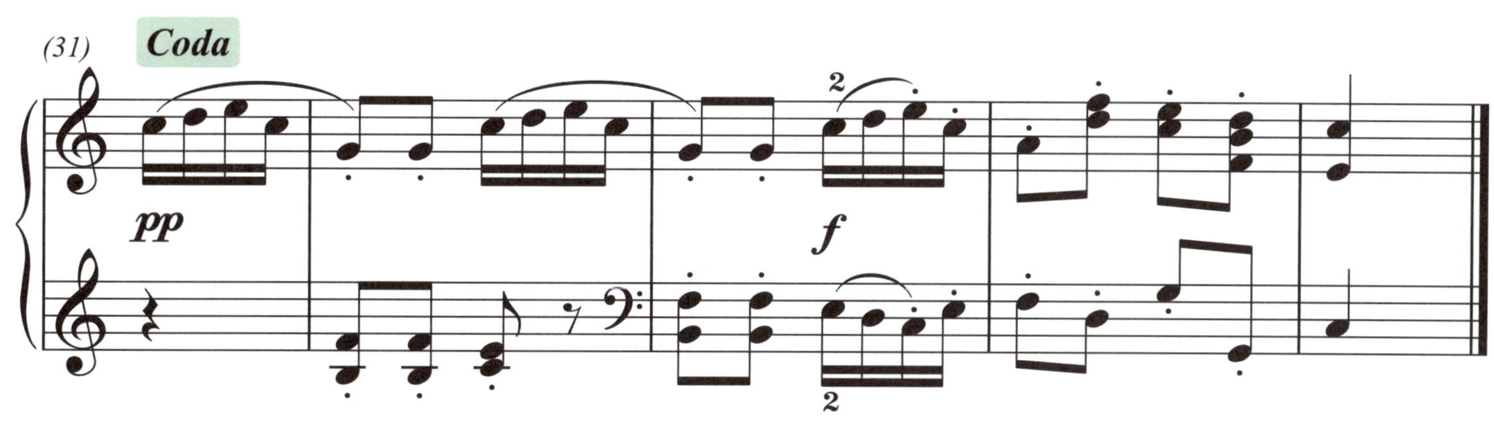
(31)
Coda
pp
f

17

Plappermäulchen

Ein Neues Notenbuch für Kleine Leute, Op. 107, No. 15

C. Reinecke

악곡의 특징

폴카(Polka) : 활발한 리듬을 가진 2박자의 춤곡으로, 1830년경 보헤미안에서 시작되어 19세기 유럽 전역에 전파되었습니다. 손끝의 재빠른 트릴 연주로 탄력 있게 멜로디를 연주합니다.

테크닉 레벨

<금쌤의 클랑클랑 체르니 100> 중 18번 / 테크닉 레시피 5번 수준

- 빠른 손가락, 반주, 트릴, 트레몰로

Lesson Point

· 트릴 연습 : 떤 꾸밈음인 트릴은 악보에 쓰여진 본음과 도움음을 빨리 연주하고
곡 제목인 '수다쟁이' 같이 아이들이 재잘거리는 소리를 표현합니다.

Pre - Etude

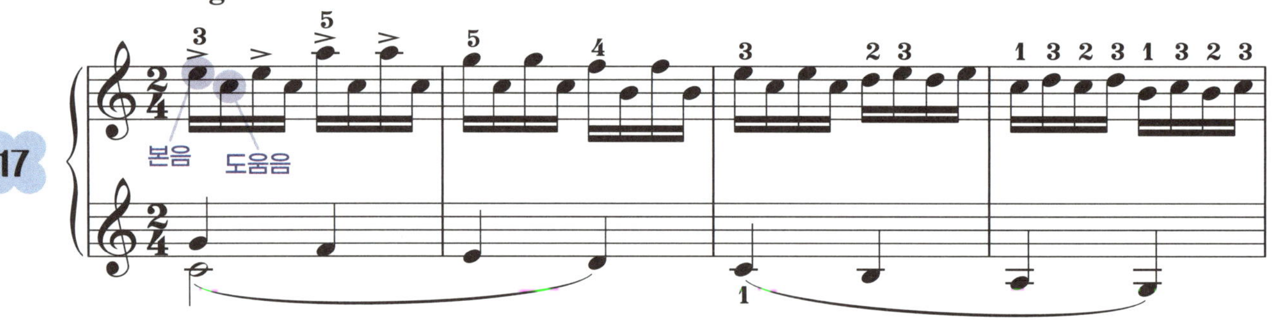

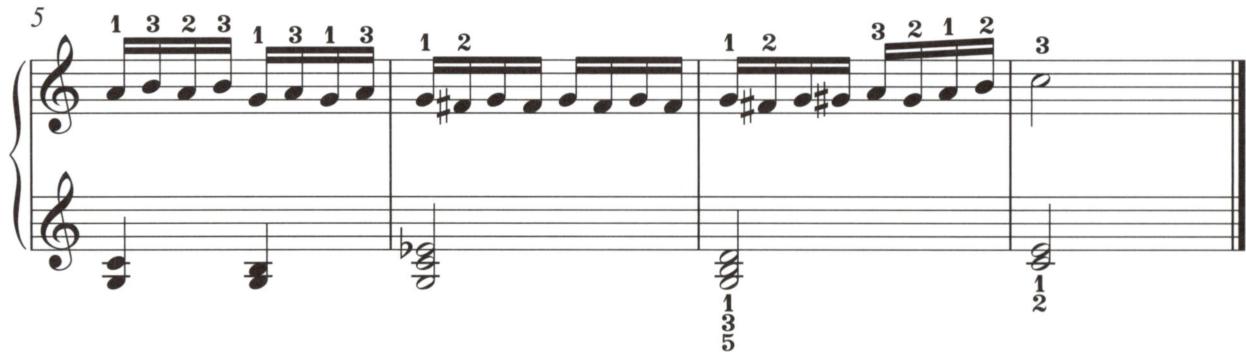

Plappermäulchen(수다쟁이)

Ein Neues Notenbuch für Kleine Leute, Op. 107, No. 15

C. Reinecke
(라이네케)

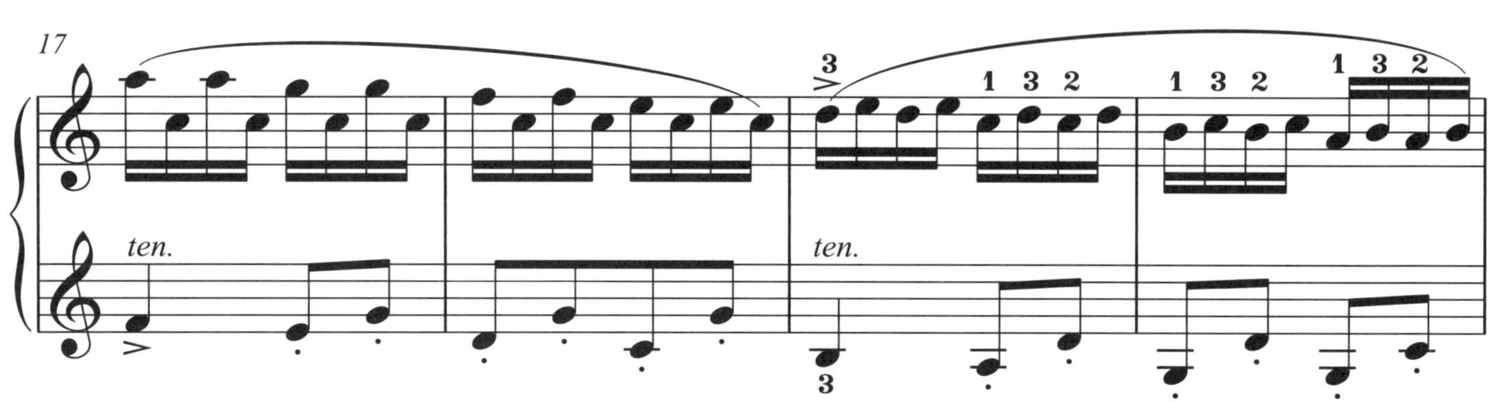

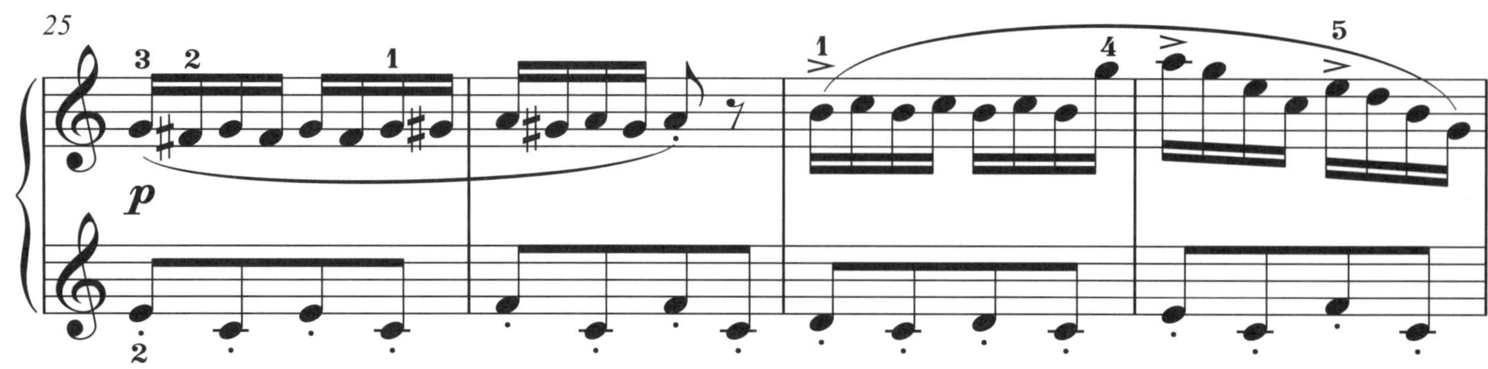

핑거링 1, 2번 간격 좁혀서
음정 주의!

29
mp

33
f

37
dim.

42
pp

❈ **J. W. Hässler** (하슬러 / 1747-1822)

독일의 작곡가, 오르간 연주자, 피아니스트. 1794년 모스크바에 정착하여 음악교사이자 작곡가로 일했다.

❈ **F. Lynes** (라인즈 / 1858-1913)

미국의 작곡가 겸 음악교사. 그의 소나티나는 스승인 라이네케(C. Reinecke)의 영향으로 고전적 기법 스타일이다.
어린이 교육용 피아노곡을 주로 작곡하였다.

❈ **R. Schumann** (슈만 / 1810-1856)

독일의 작곡가이자 초기 낭만주의를 대표하는 작곡가. '음악 신보'를 통해 슈베르트, 쇼팽, 브람스 등 많은 음악가들을 발굴
한 영향력 있는 음악평론가로도 유명하다.

❈ **J. S. Bach** (바흐 / 1685-1750)

바로크 시대의 주요 작곡가이며 독일에서 활동한 오르가니스트, 쳄발로 연주자, 작곡가, 개신 교회의 음악가였다. 바흐는
주로 종교적이거나 세속적인 음악을 창작했으며, 대위법을 작곡 기법으로 주로 사용하였다.

❈ **J. A. André** (안드레 / 1775-1842)

독일 고전주의 작곡가이며 음악 출판업자.
오페라, 교향곡, 미사, 가곡뿐만 아니라 미완성 <Lehrbuch der Tonsetzkunst(작곡 기술 교과서)>를 두 권 썼다.
André 출판사는 모차르트의 작품을 처음으로 연구하고 다량 출판해서 '모차르트 연구의 아버지'라는 칭호를 얻었다.

❈ **C. Reinecke** (라이네케 / 1824-1910)

독일의 피아니스트, 작곡가, 지휘자였다. 멘델스존, 슈만, 리스트의 제자였으며 라이프치히 음악연극대학교의 교수로
재직했다.

❈ **W. A. Mozart** (볼프강 아마데우스 모차르트 / 1756-1791)

오스트리아의 고전시대 작곡가. 음악의 신동이라 칭송되었다.
어린 시절부터 천재성을 보인 음악가로 35년이란 짧은 생애 동안 수많은 교향곡, 오페라, 협주곡, 소나타 등 방대한 작품을
창작하였다.

❈ **S. Maykapar** (마이카파 / 1867-1938)

러시아의 낭만주의 작곡가, 피아니스트, 상트페테르부르크 음악원 음악교수로 다수의 피아노 연습곡을 작곡하였다.
트베리에 자신의 음악학교를 설립하고 300곡이 넘는 작품을 작곡하였다.

❈ **C. A. Löschhorn** (뢰쉬호른 / 1819-1905)

독일의 작곡가이자 피아니스트, 피아노 교육자. 베를린 왕립 음악원에서 작곡과 피아노를 배웠으며 왕립 교회 음악연구소
의 피아노 교사였다.

Sonatina in F Major

6 Wiener Sonatinen, No. 5, 3rd mov. Polonaise

W. A. Mozart

악곡의 특징

모차르트(W. A. Mozart)의 '6개의 비엔나 소나티나' 중 5번째 곡입니다. 3악장 폴로네즈는 경쾌한 아티큘레이션을 살려 신나게 노래합니다. 당김음과 섬세한 두 음 슬러를 지켜서 연주합니다.

테크닉 레벨

<금쌤의 클랑클랑 체르니 100> 중 21, 22번 수준

- 3박자 춤곡, 바장조, 당김음, 섬세한 리듬 표현

Lesson Point

- 먼저 왼손 겹음 반주를 고르게 연습해 보세요.
- 오른손의 폴로네즈 리듬을 경쾌하게 표현하며 연주합니다.

Pre - Etude

W. A. Mozart
(모차르트)

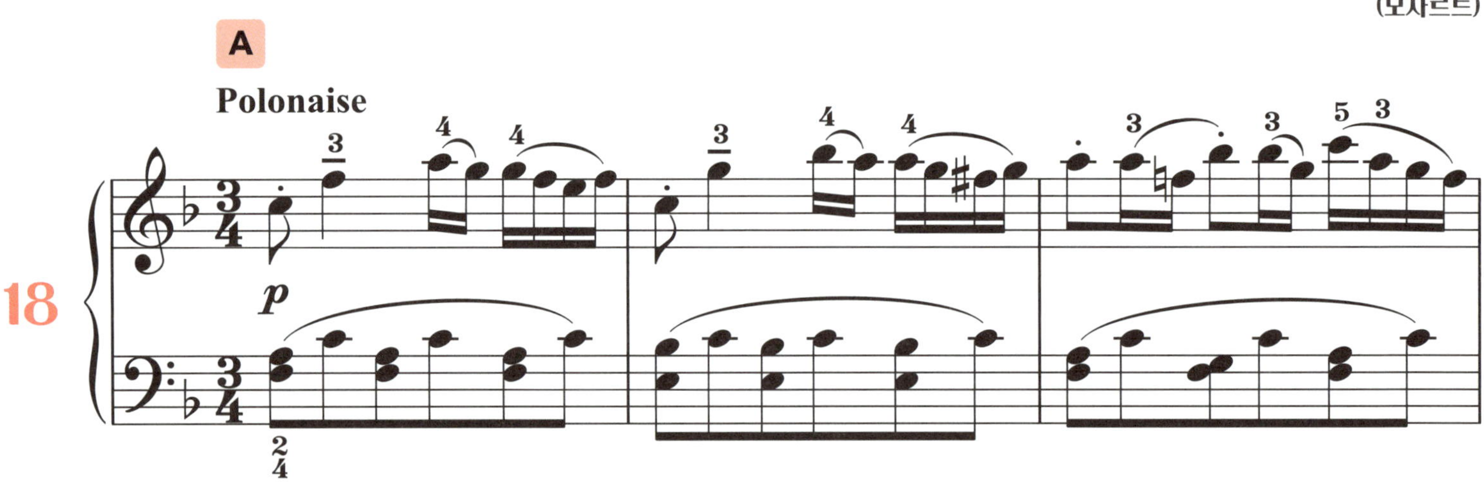

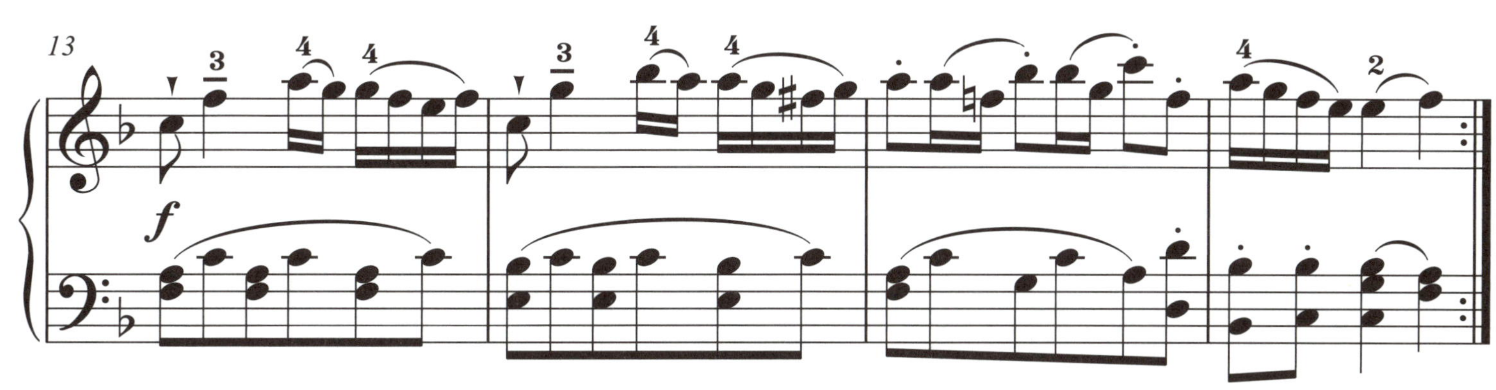

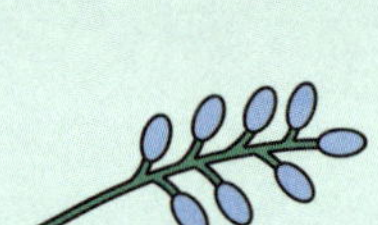

Suite Mignonne

Op. 30, No. 7

S. Maykapar

악곡의 특징

이 곡은 마이카파(S. Maykapar)의 '작고 우아한 모음곡' 중 7번째 작품으로, 지그풍의 매우 빠른 곡입니다.
왼손 첫 음이 곡의 경쾌한 분위기를 리드하도록 강한 스타카토로 터치합니다.

테크닉 레벨

<금쌤의 클랑클랑 체르니 100> 후반

- 양손 이어서 치기, 양손의 재빠른 연타

Lesson Point

· 양손의 음정 포지션을 건반에 가까이 정하고 연타음에 주의하여 연습합니다.

Pre - Etude

19-1

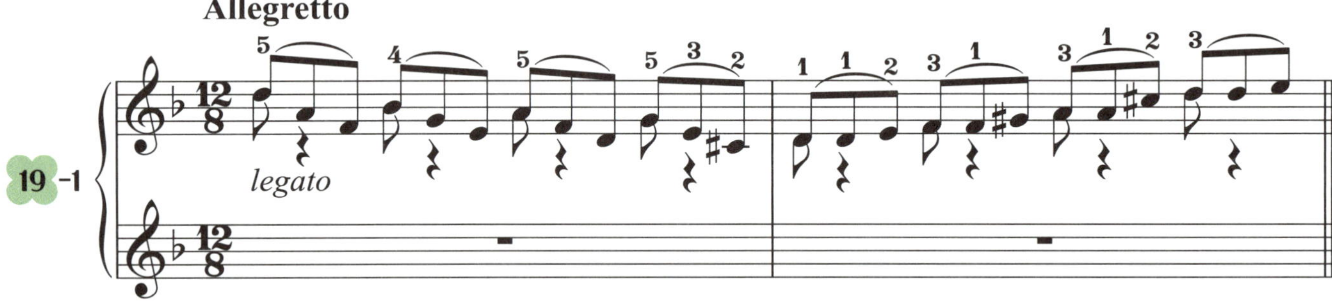

19-2

19-3

Suite Mignonne(작고 우아한 모음곡)

Op. 30, No. 7

S. Maykapar
(마이카파)

19

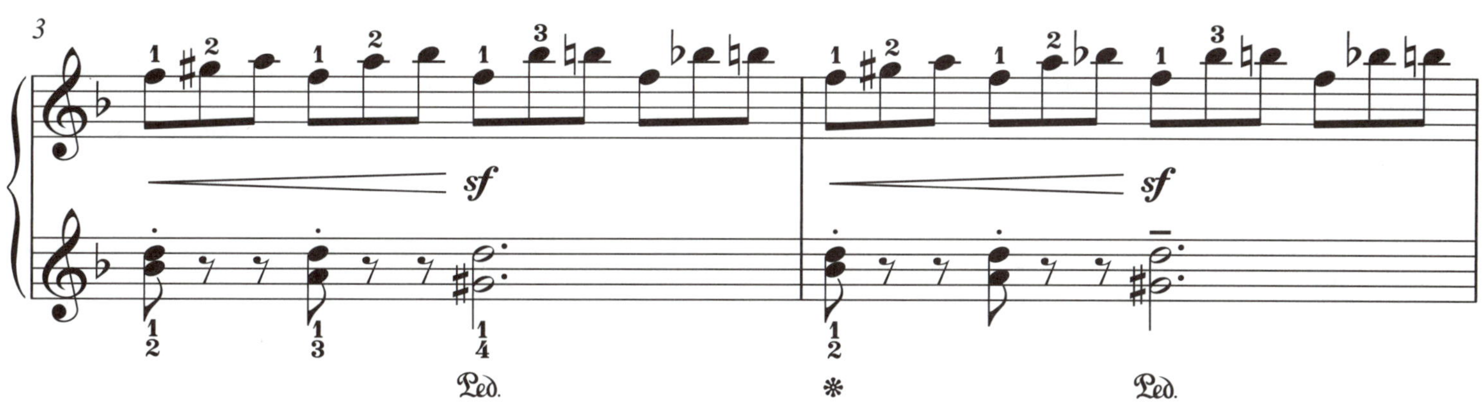

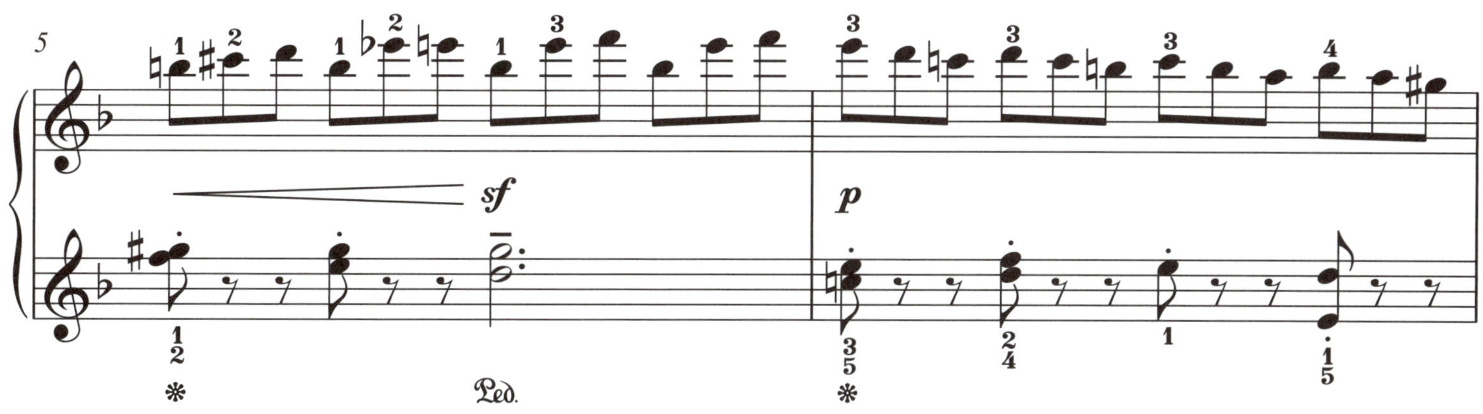

* **Prestissimo**(프레스티시모): 아주 빠르게   **volante**(볼란테): 날아가듯이
alla giga: 지그 풍으로

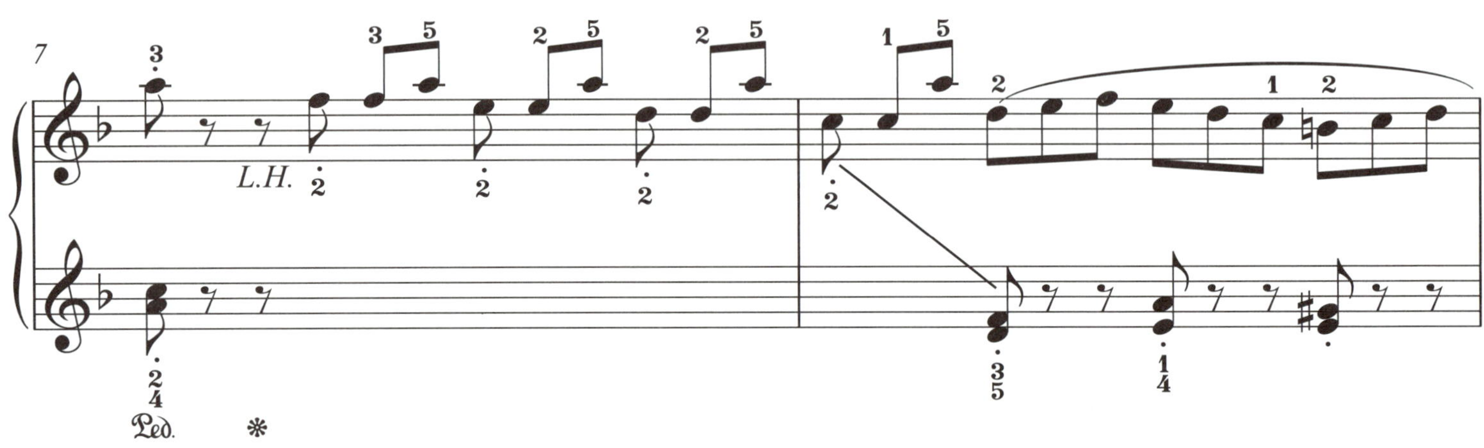

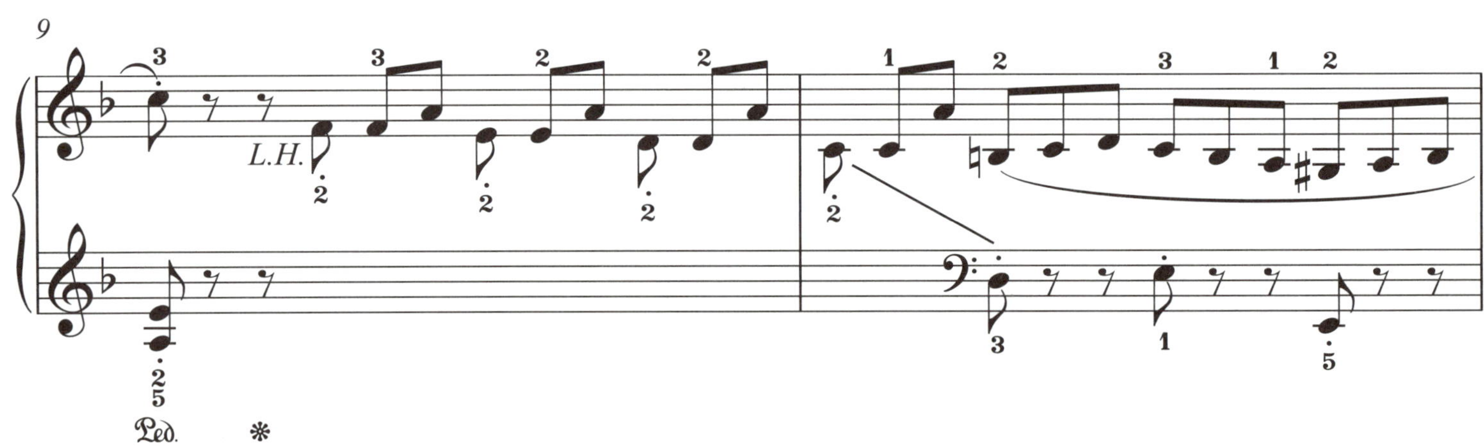

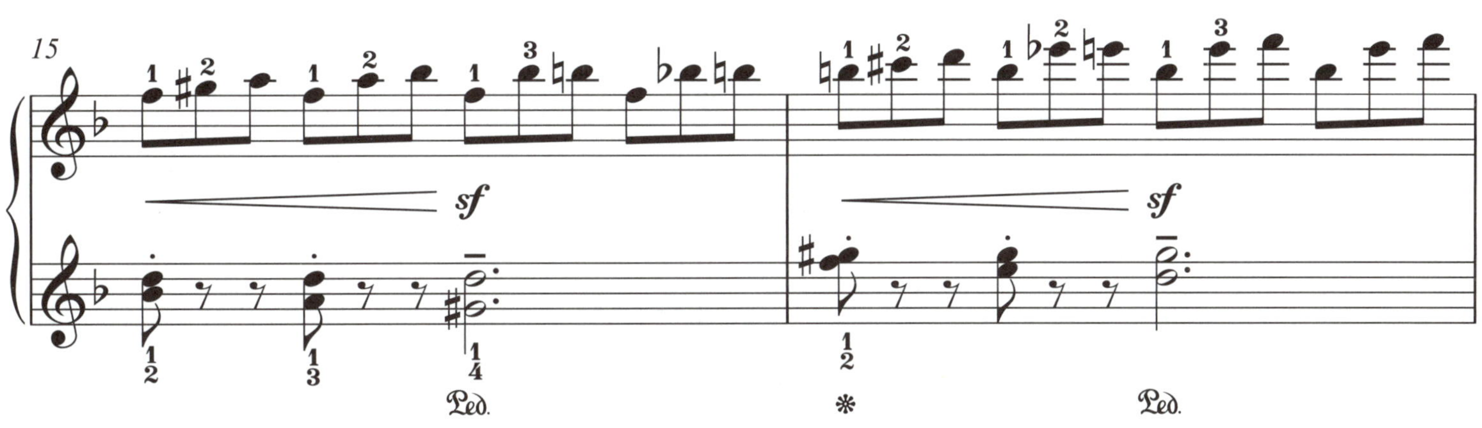

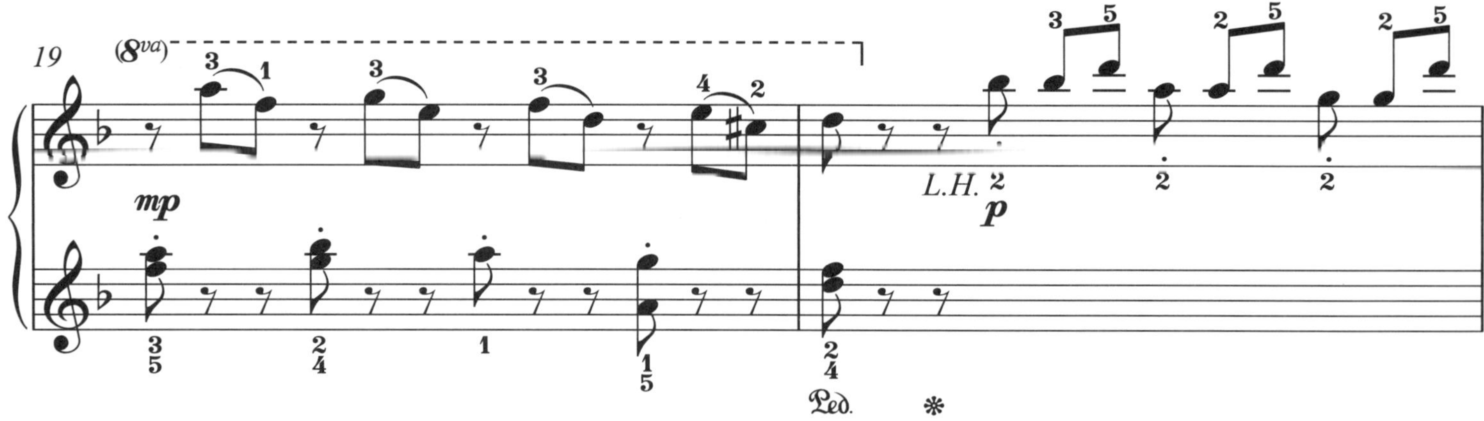

20

Stormy Stream

Miniatures, Op. 33, No. 18

S. Maykapar

Raging Torrent <맹렬한 폭풍> : '성난 물결'이라고도 알려진 짧고 임팩트 있게 몰아치는 곡으로 콩쿠르 무대에서 돋보이는 곡입니다. ♪♪♪♪를 왼손과 오른손이 나눠서 빠르고 고른 터치로 일정한 박자를 유지하도록 연주합니다.

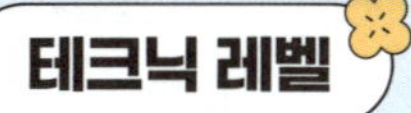

<금쌤의 클랑클랑 체르니 100> 후반
- 주요 음정 멜로디와 음형 패턴 포지션 익히기

Lesson Point
· 왼손 첫 음은 날렵하고 포인트 있게 터치하고, 오른손 리듬이 또렷하게 들리도록 연주합니다.

Pre - Etude

Stormy Stream(성난 물결)

Miniatures, Op. 33, No. 18

S. Maykapar
(마이카파)

20

Allegretto tempestoso

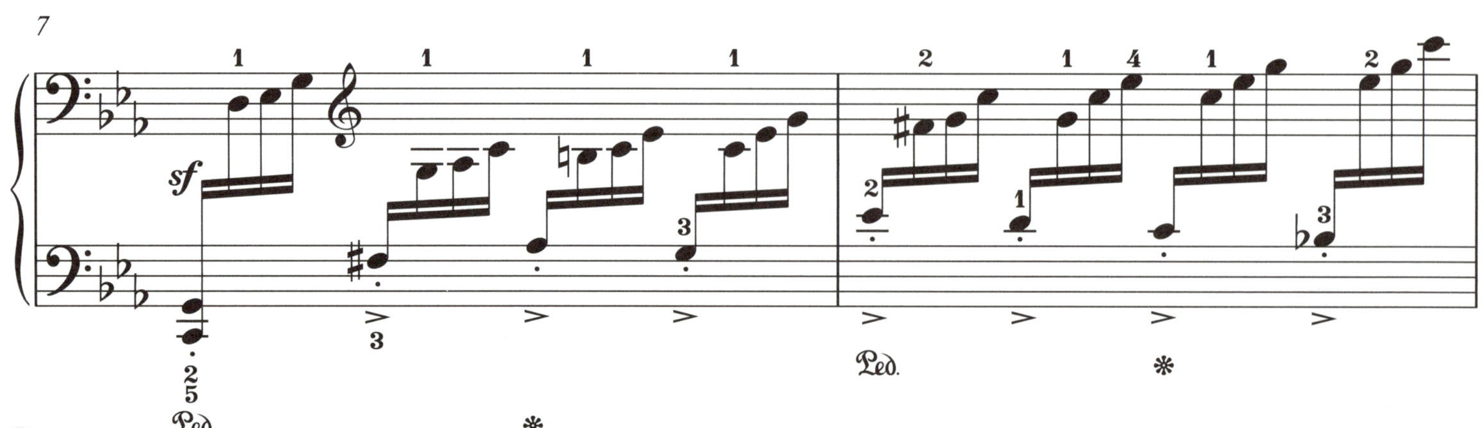

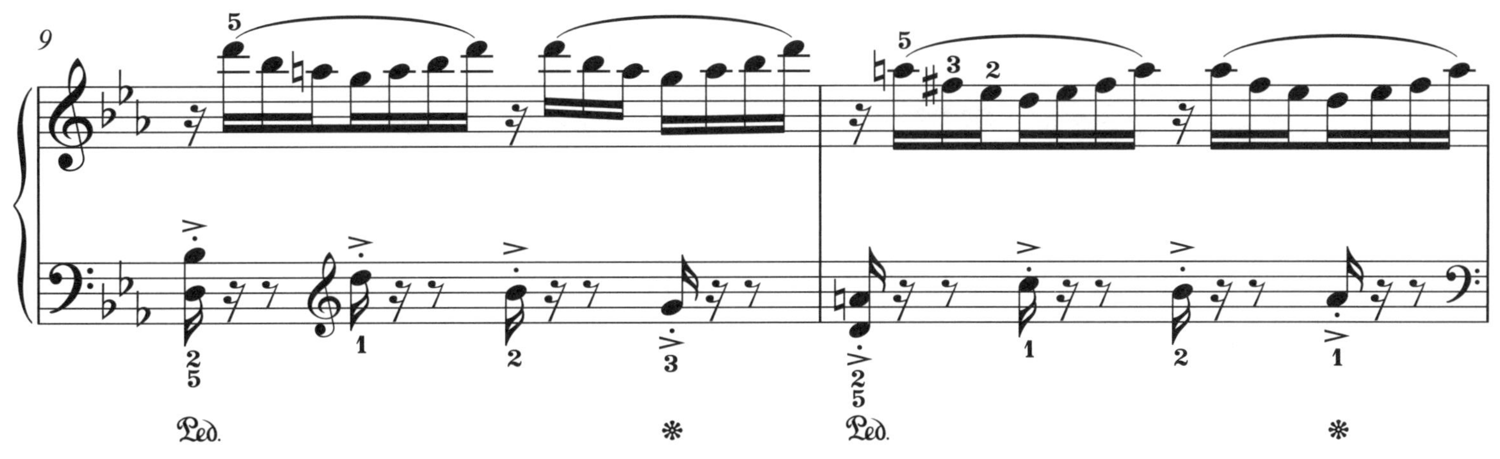
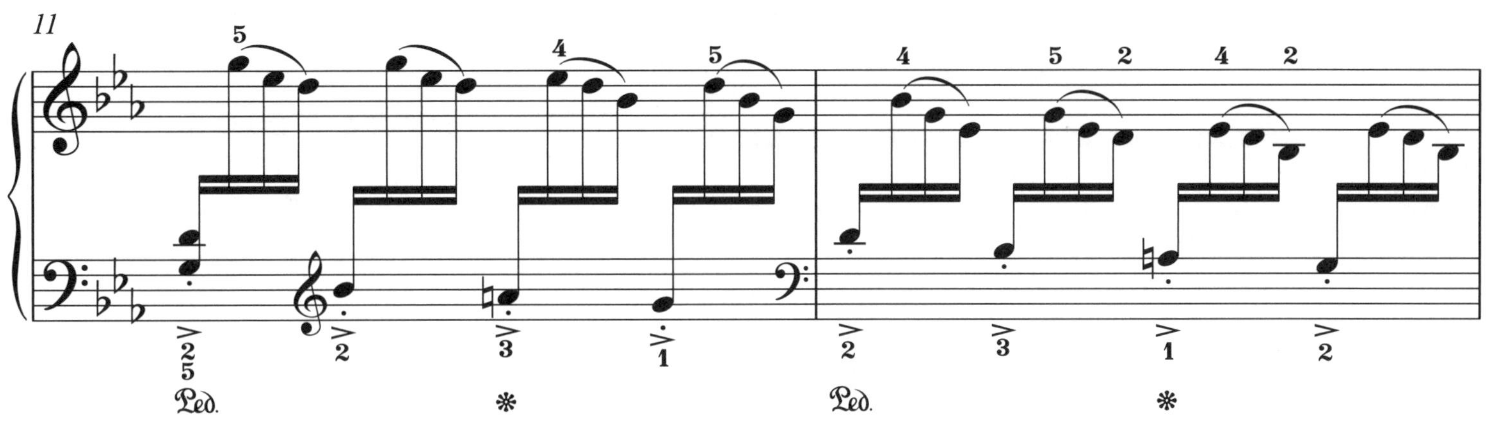
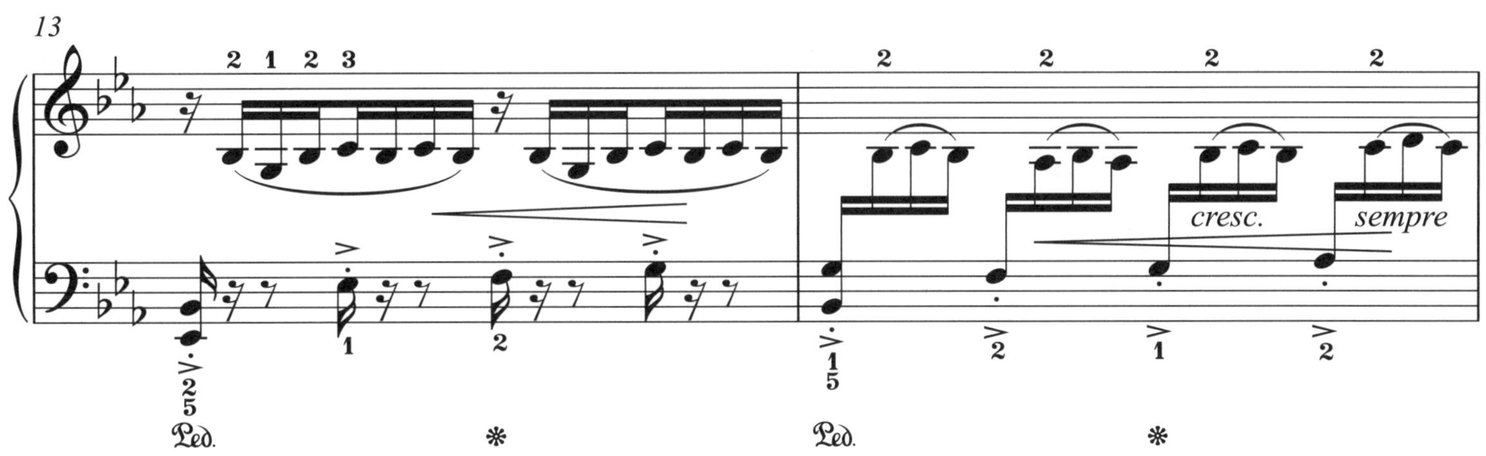
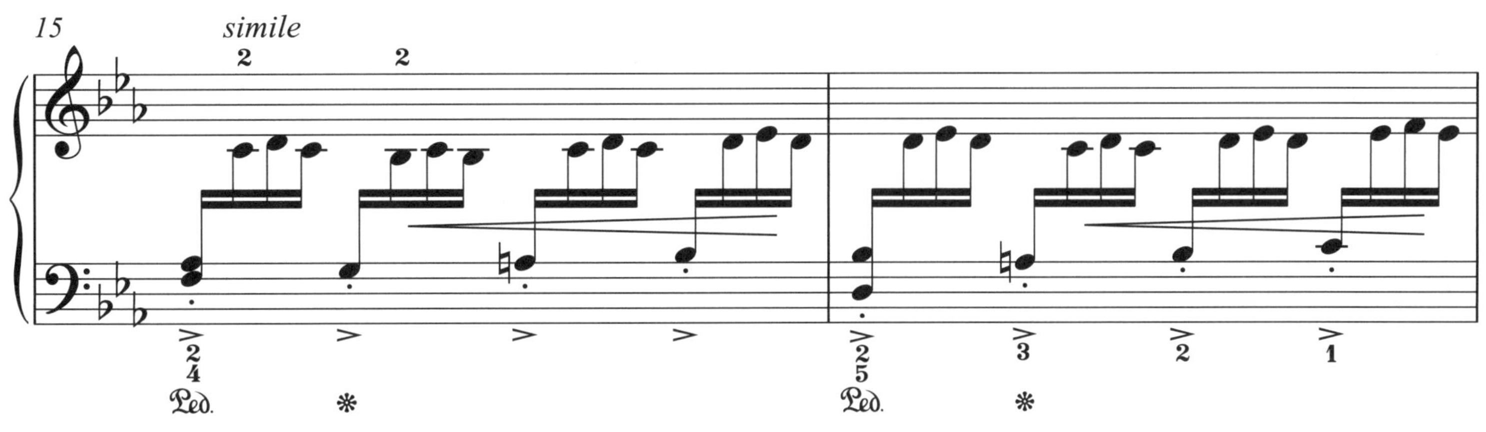

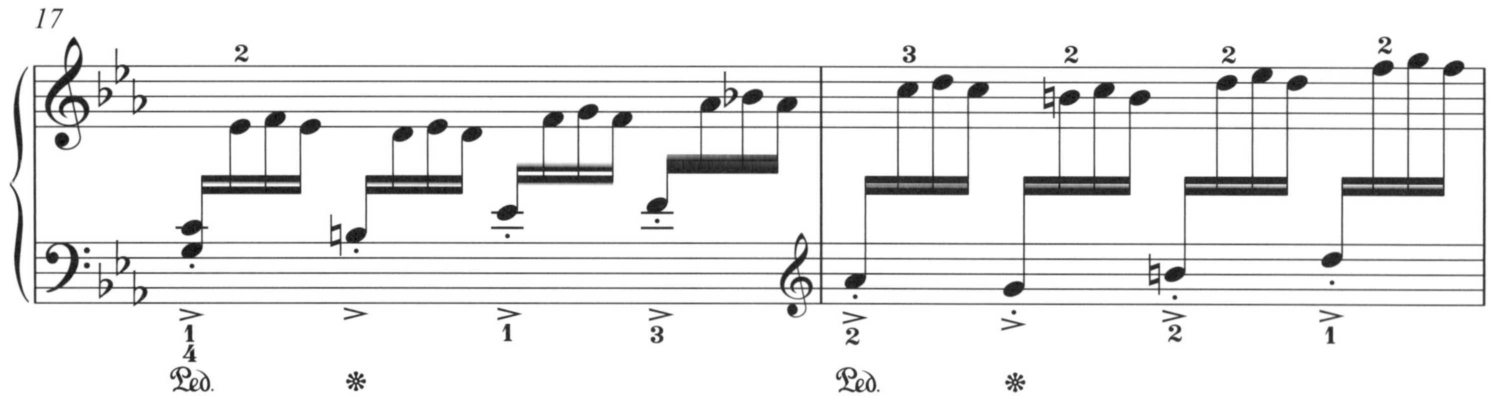

17

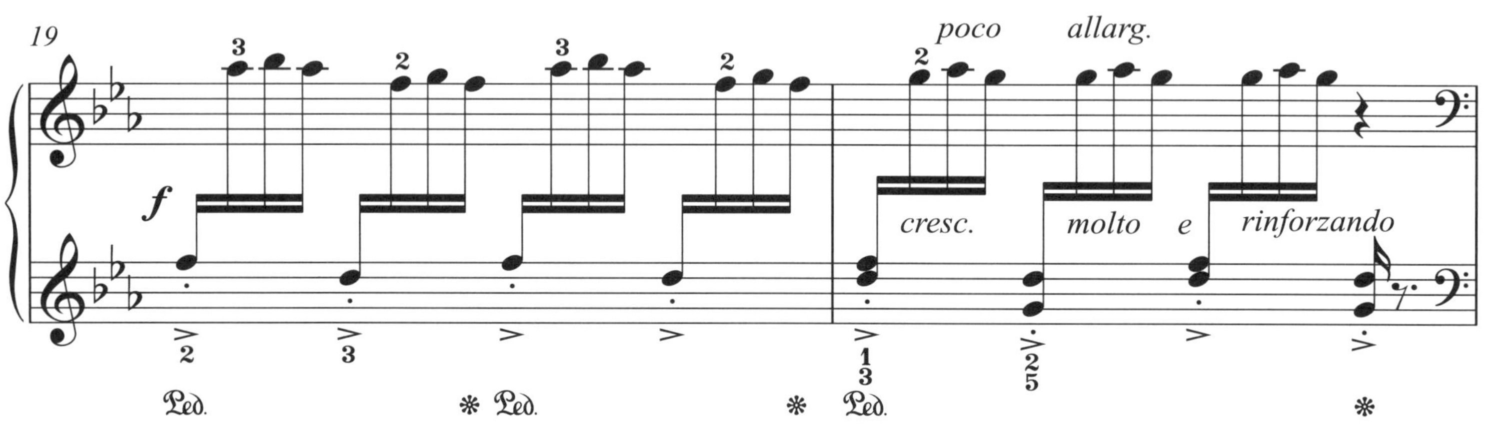

19
poco   allarg.
f
cresc.   molto   e   rinforzando

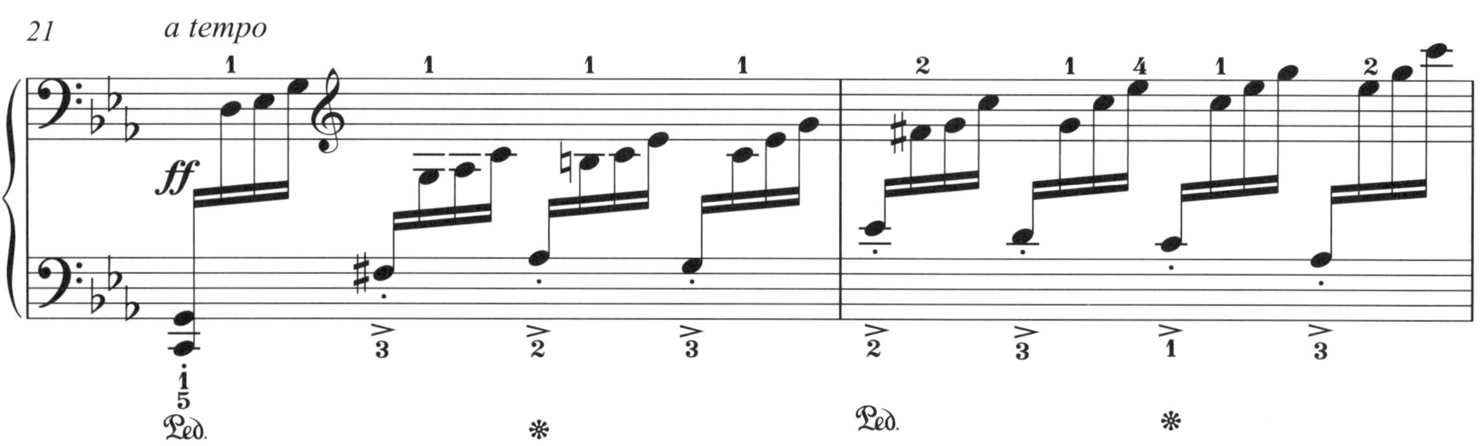

21
a tempo
ff

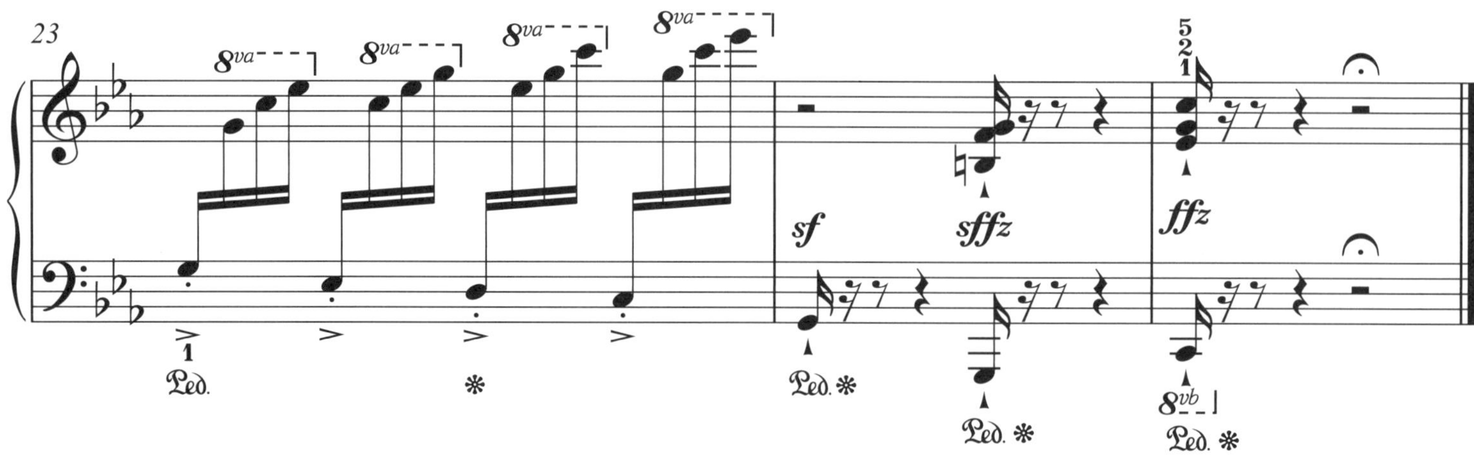

23
sf   sffz   ffz

1 Piano
4 Hands

Piece(피스) No. 3

10 Kinderstücke zu 4 Hände, Op. 182, No. 3

C. A. Löschhorn
(뢰쉬호른)

Con moto

2nd
제 2주자

Piece(피스) No. 3

10 Kinderstücke zu 4 Hände, Op. 182, No. 3

C. A. Löschhorn
(뢰쉬호른)

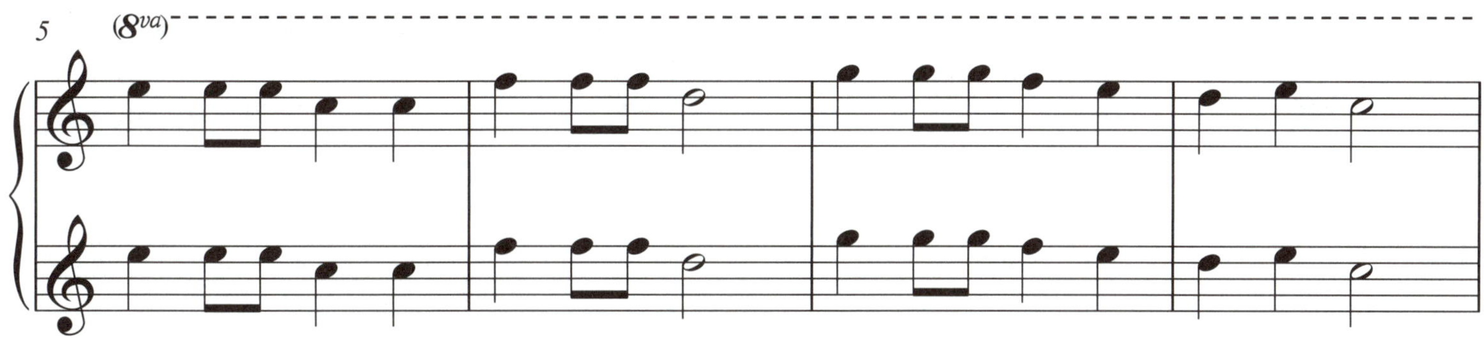

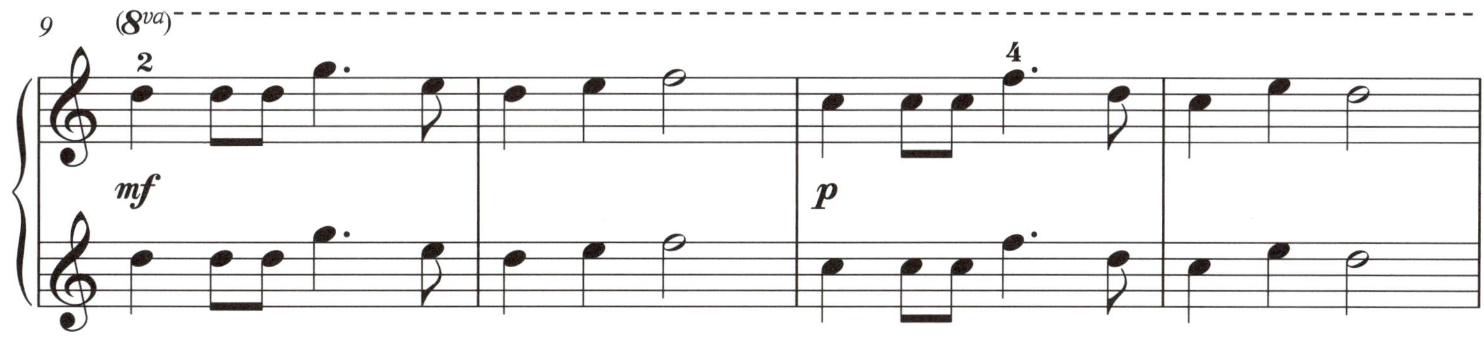

13
mf
p il basso marc. cresc.
Ped.

17
f
Ped.
Ped.

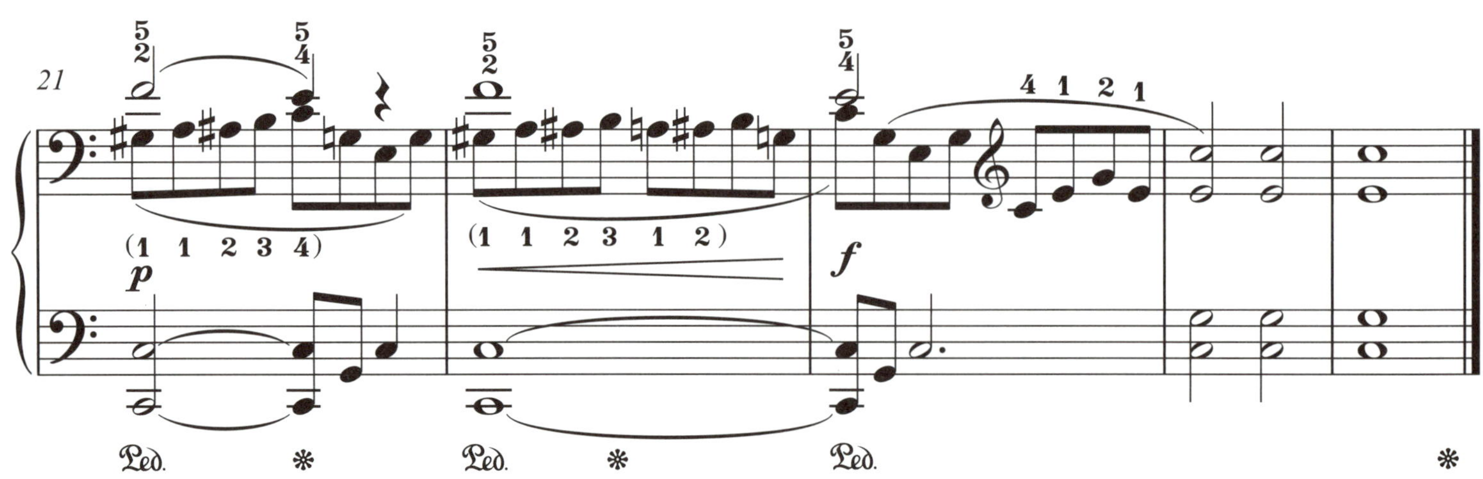

21
5 2
5 4
5 2
5 4
4 1 2 1
(1 1 2 3 4)
(1 1 2 3 1 2)
p
f
Ped.
Ped.
Ped.

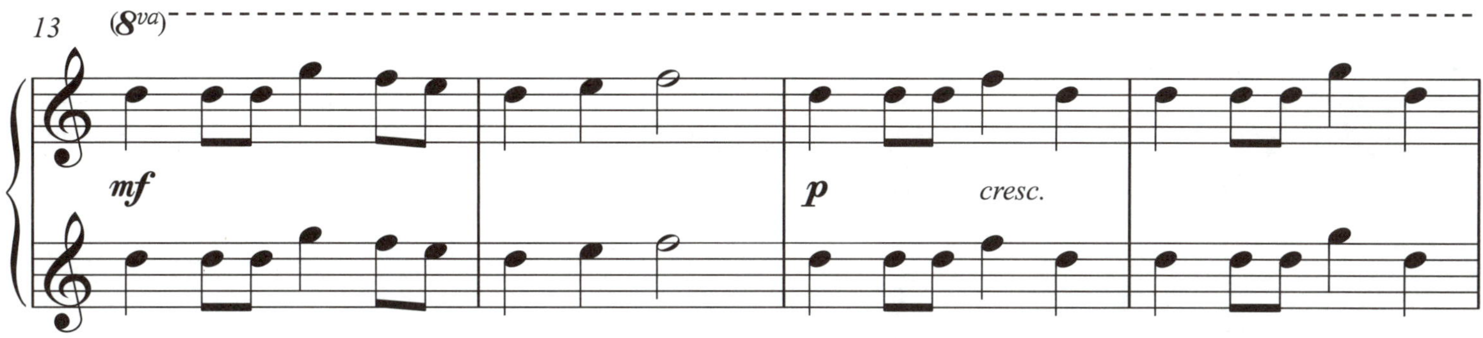

13
(8va)
mf
p
cresc.

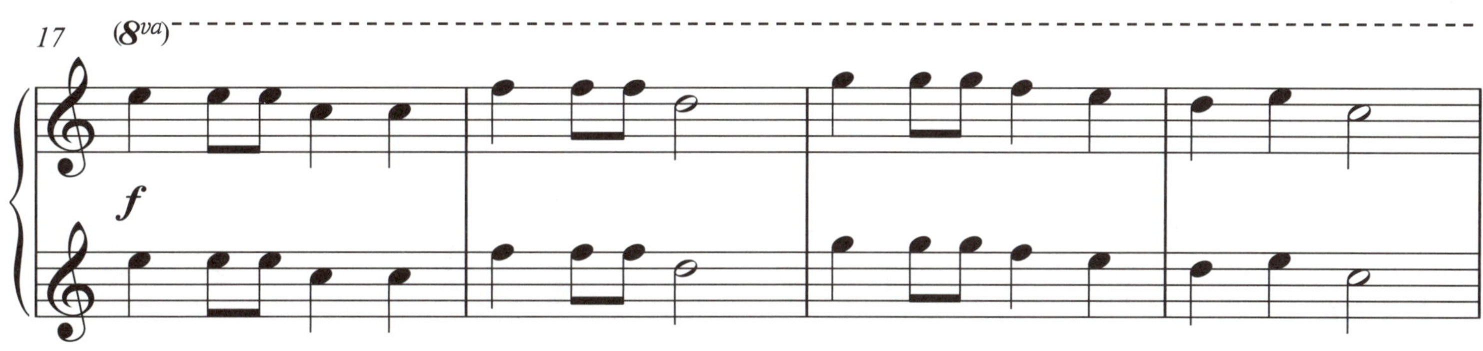

17
(8va)
f

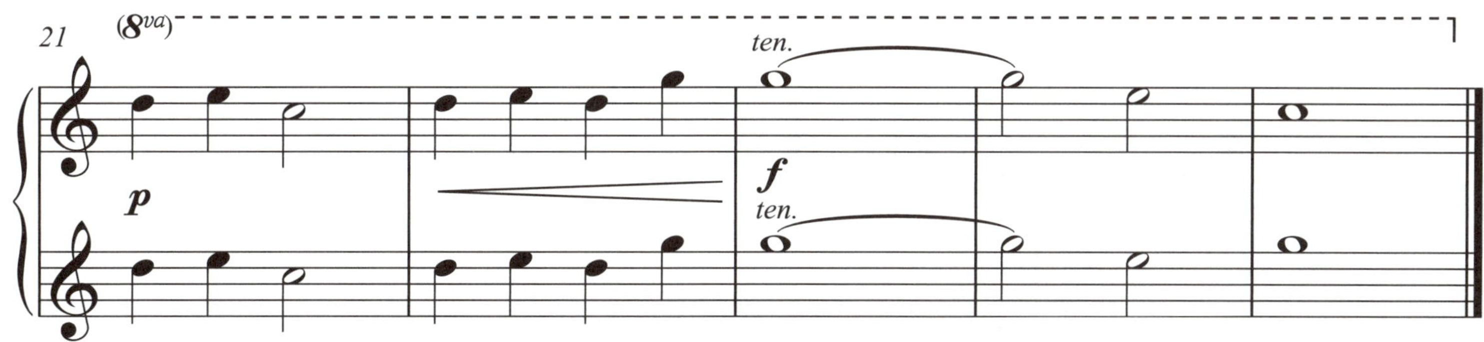

21
(8va)
ten.
p
f
ten.

Piece(피스) No. 7

10 Kinderstücke zu 4 Hände, Op. 182, No. 7

C. A. Löschhorn
(뢰쉬호른)

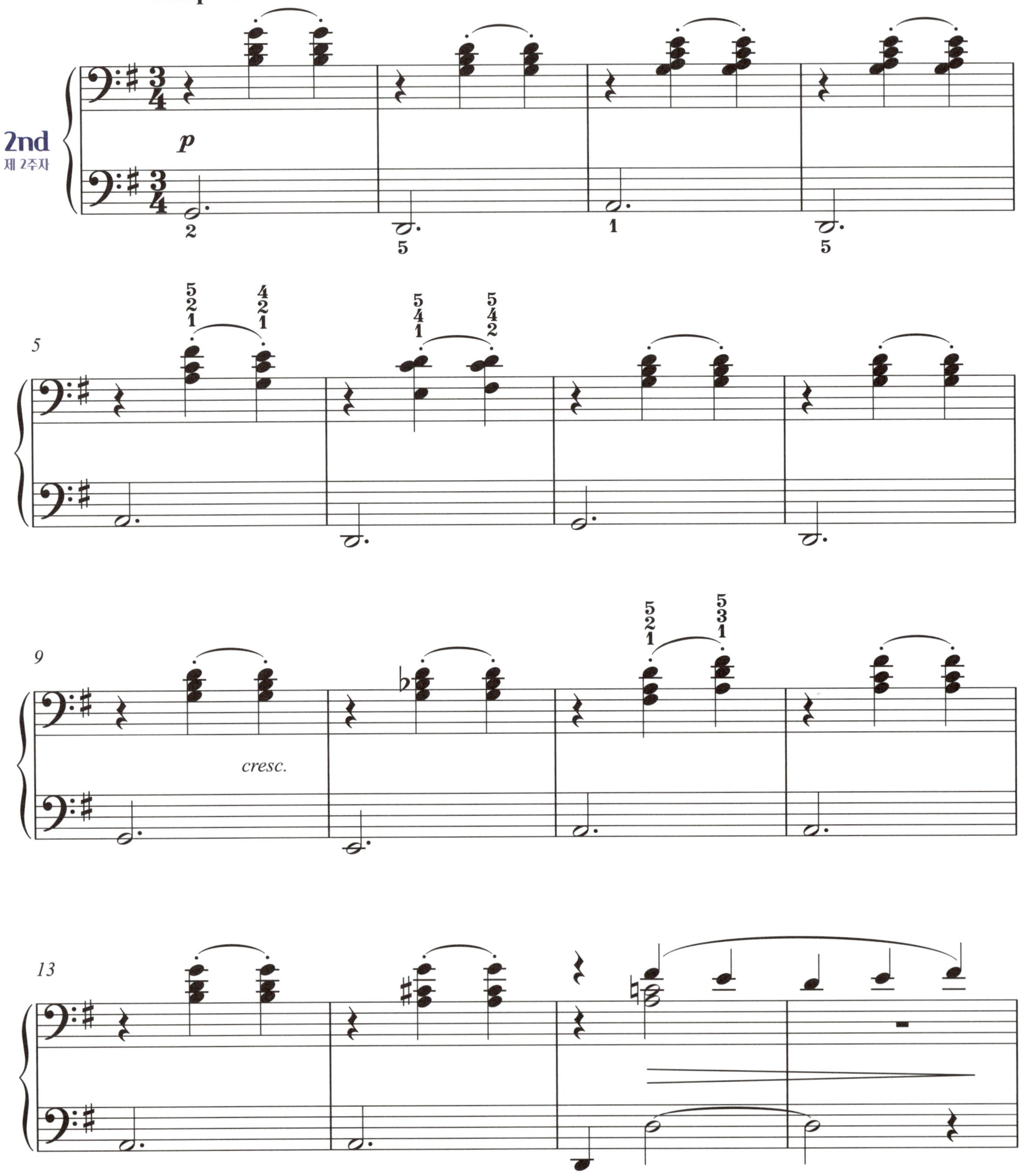

Piece(피스) No. 7

10 Kinderstücke zu 4 Hände, Op. 182, No. 7

C. A. Löschhorn
(뢰쉬호른)

Tempo di valse

1st
제 1주자

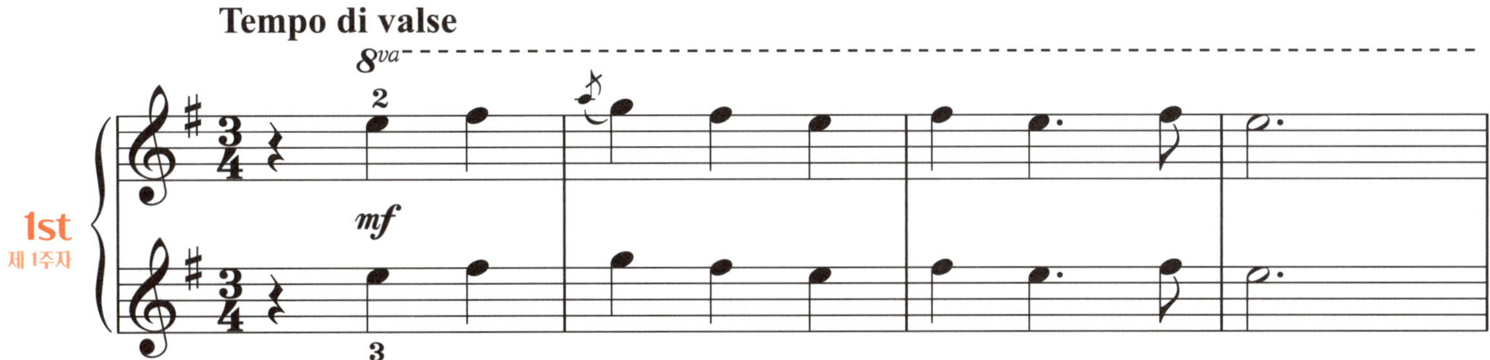

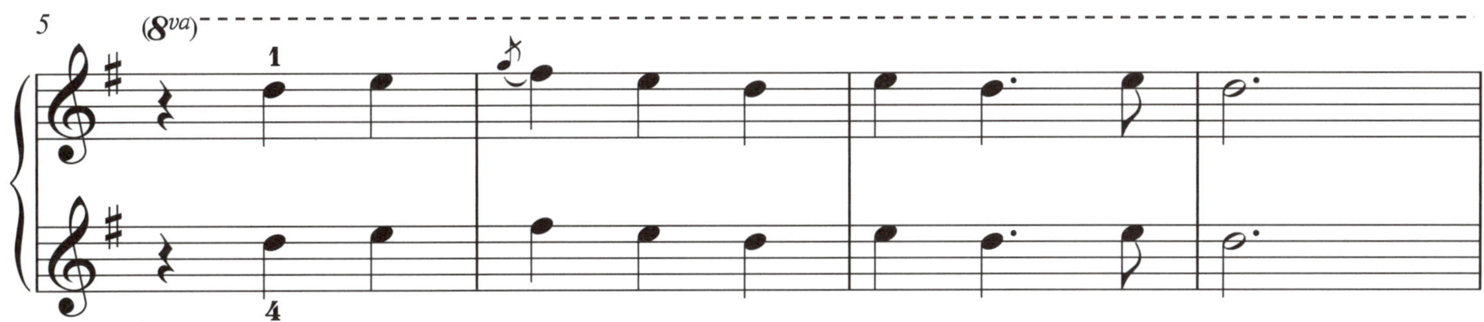

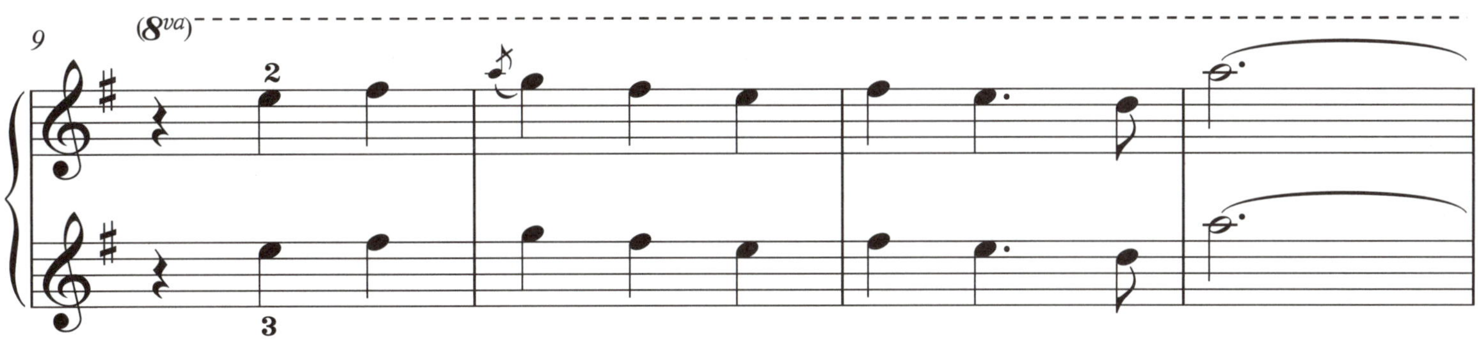

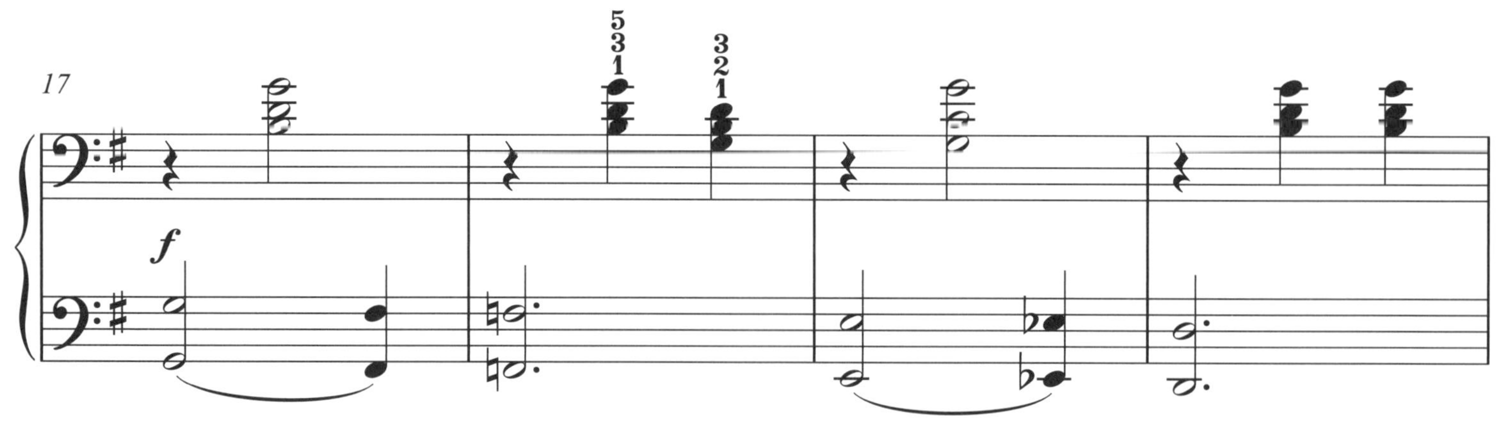

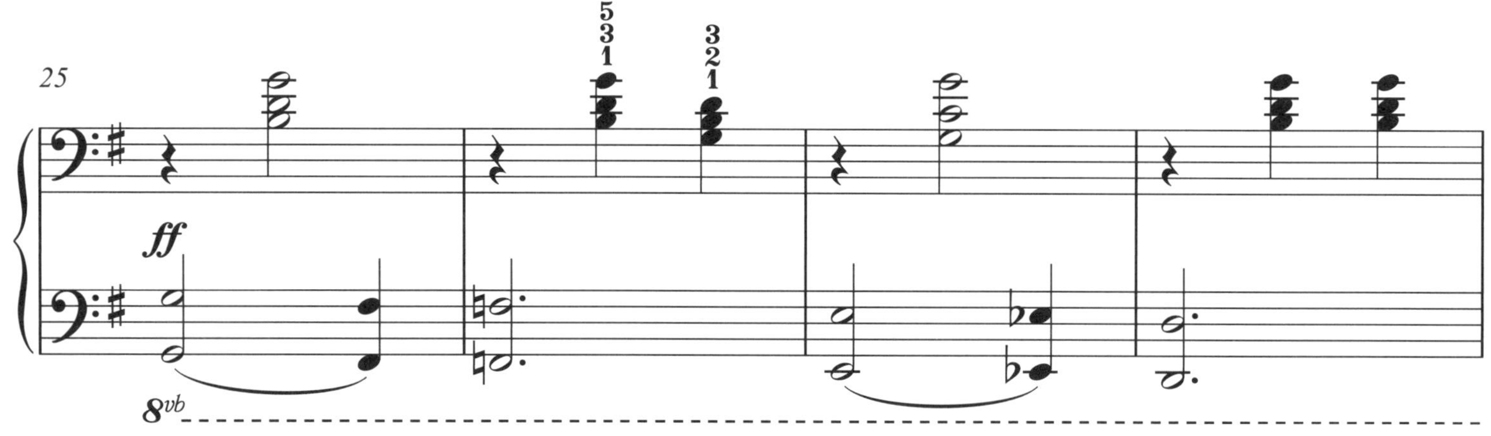

Fine

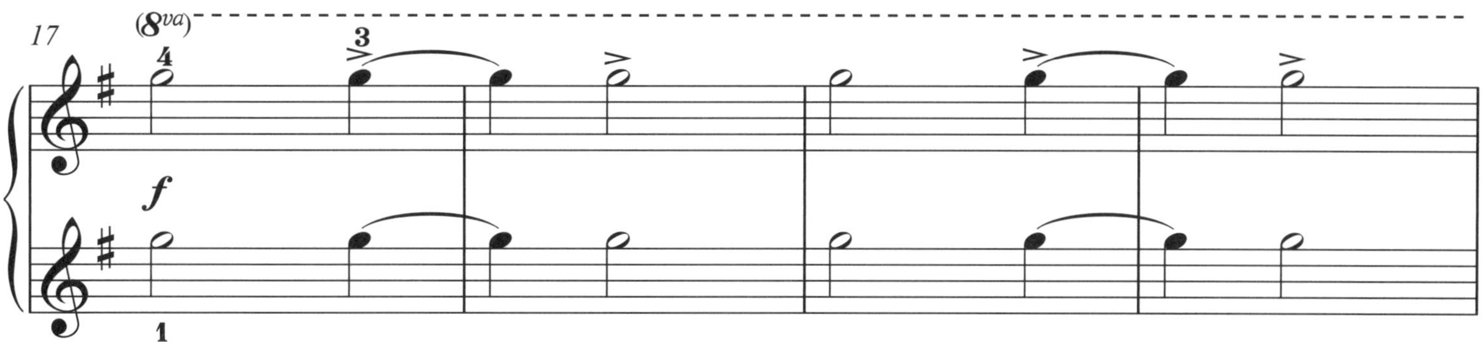
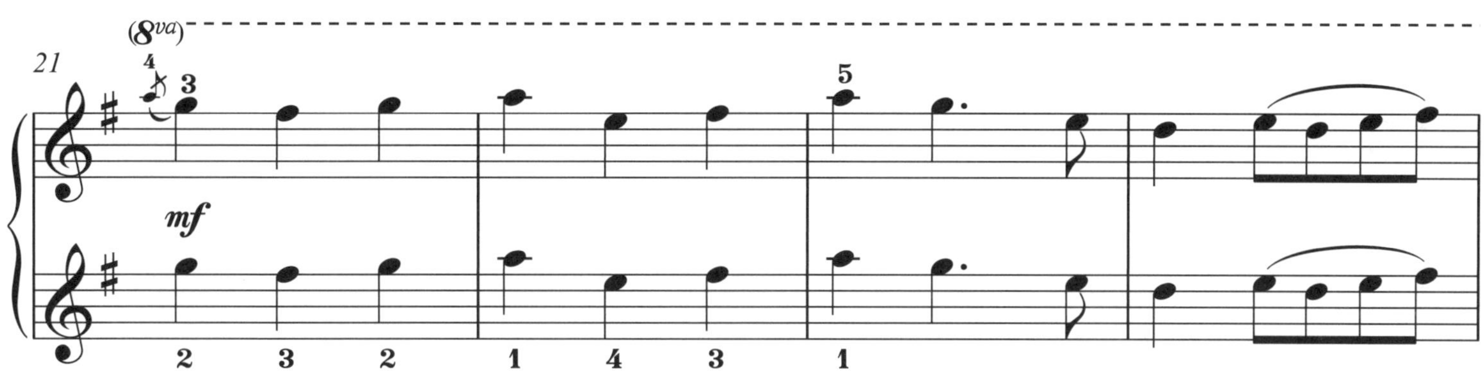
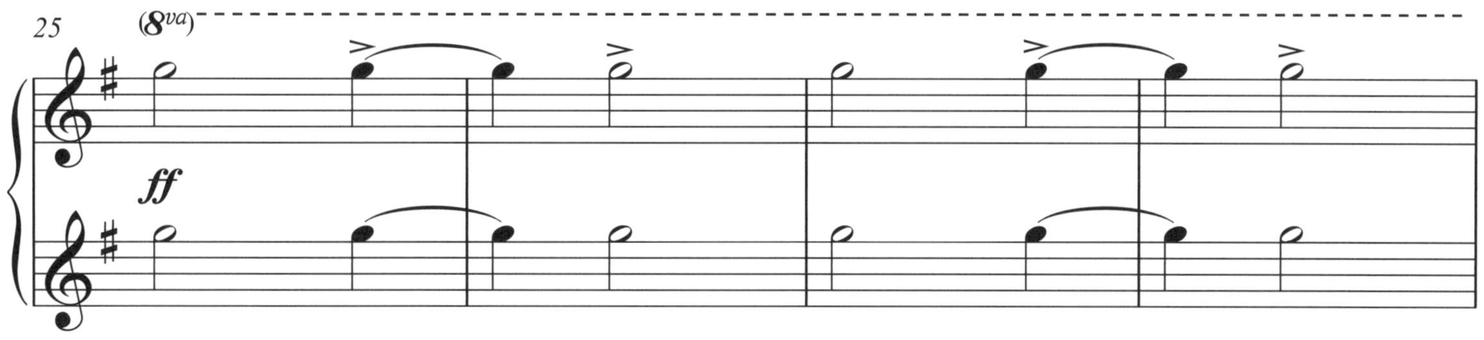
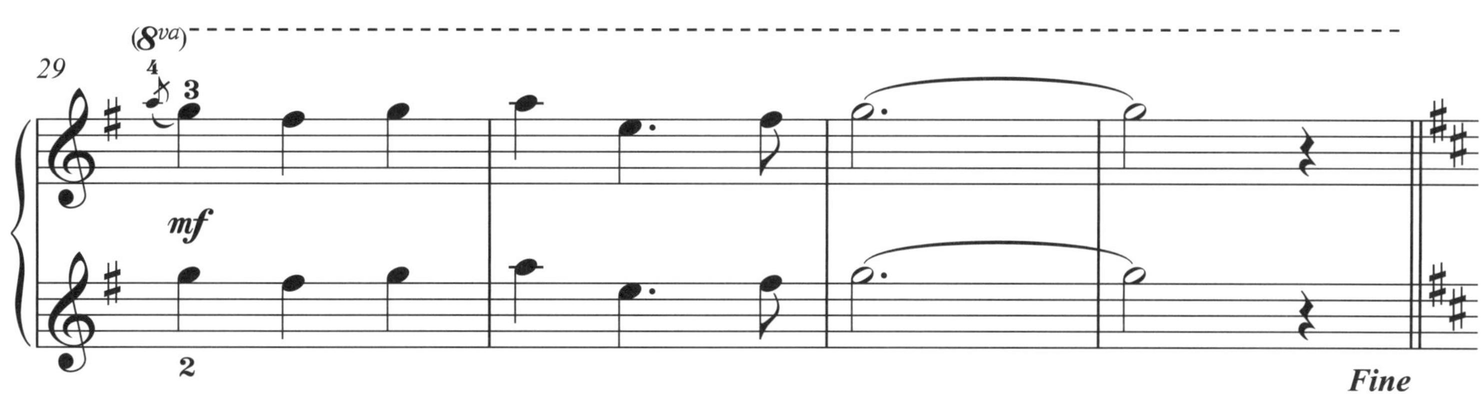
Fine

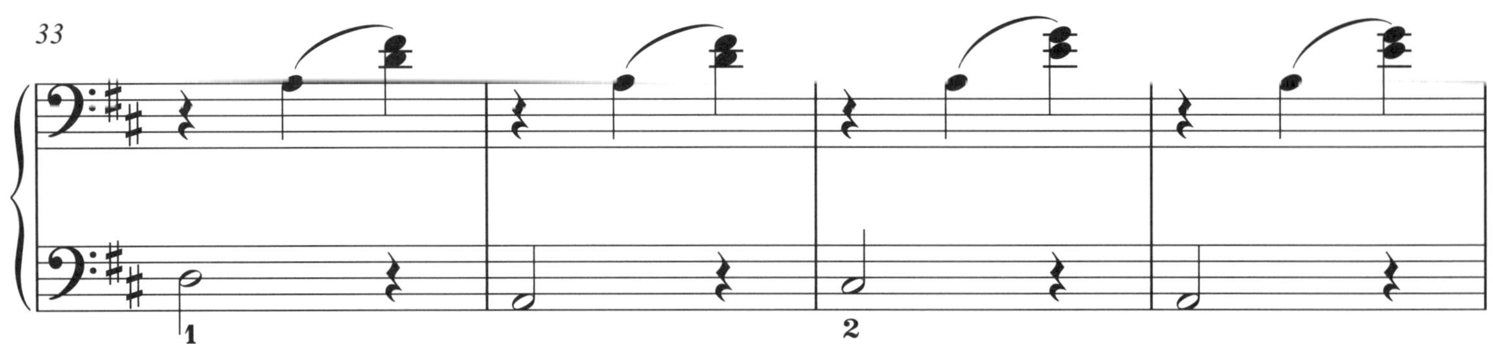

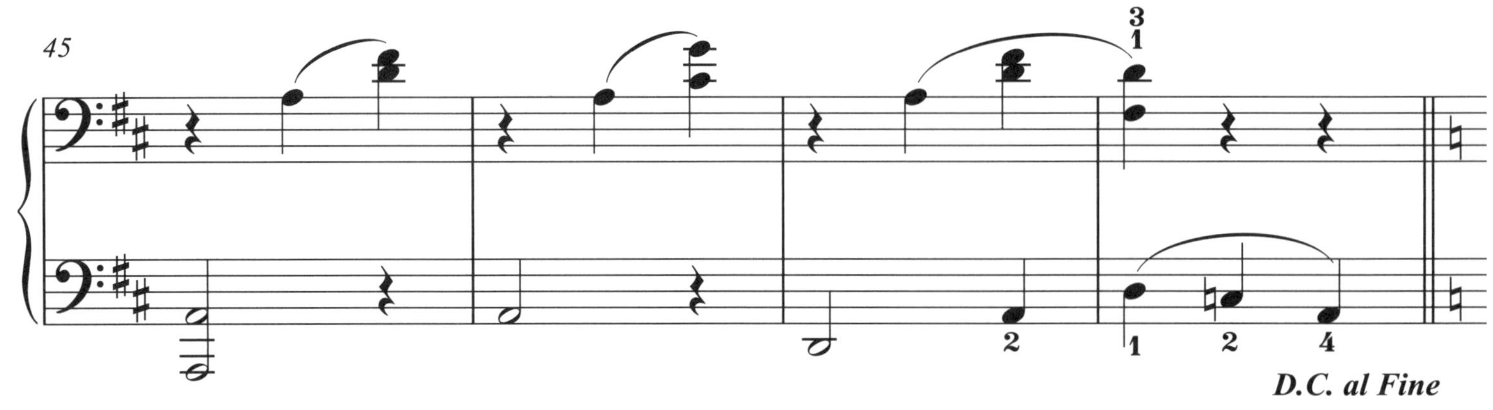

* 편곡 버전입니다.

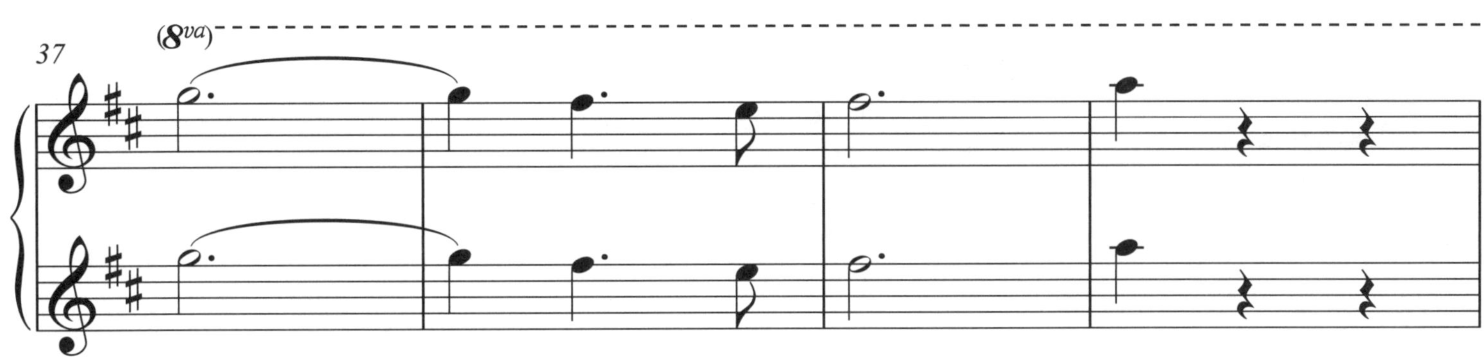

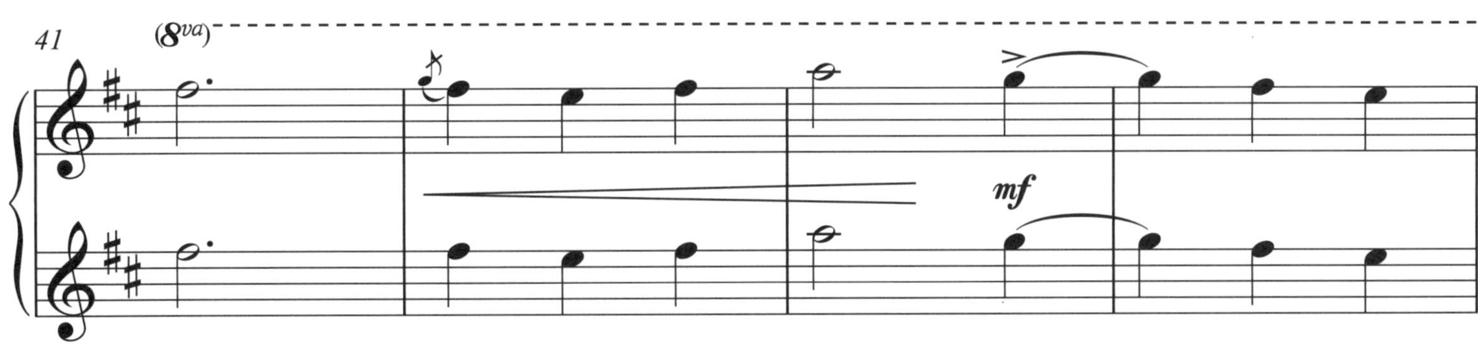

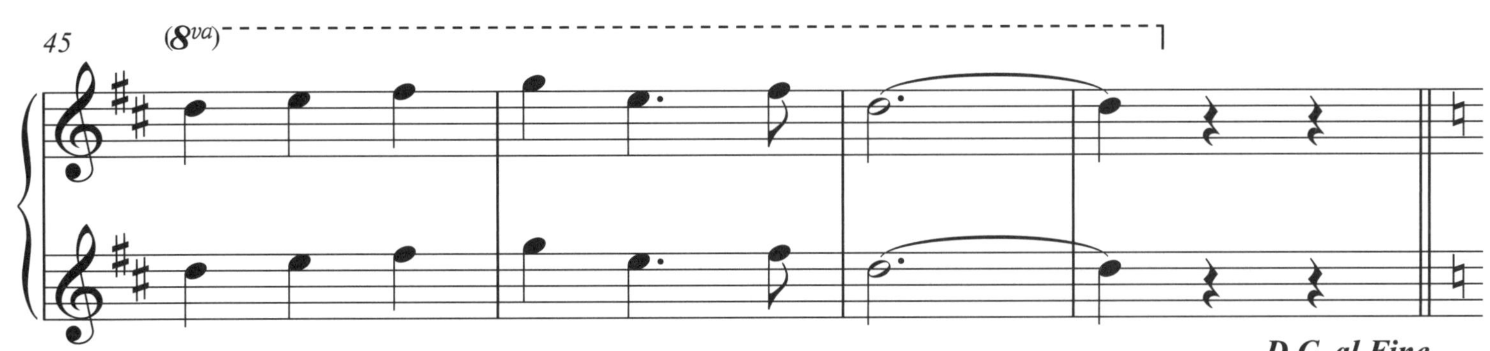

* 편곡 버전입니다.

피아니스트 금찬이

'음악교육전문지도자 교육'

Instagram kcy6424

chan-yi-6424@hanmail.net

신라대학교 예술대학 음악과 및 동대학원 졸업
독일 Robert Schumann Musikhochschule Düsseldorf 연주자과정 졸업
네덜란드 Maastricht Conservatorium 전문연주자과정 졸업
세종대학교 피아노교수학 박사 졸업
오스트리아 빈 국립음대, 독일 스타인웨이홀 초청연주
독일 Schmolz Bickenbach 콩쿠르 1위 입상
2020 한국음악협회 부산음악상 수상
국제ICA콩쿨 심사위원 역임
중국텐진국립오케스트라, 우크라이나국립오케스트라,
부산내셔널심포니오케스트라, 부산시립교향악단 협연

현재

고신대학교 음악과 객원교수, 울산대학교 겸임교수
고신대학교 일반대학원 피아노교수학 전담교수
한국피아노학회 이사 및 음악교재개발연구회 수석연구원
글로벌영재음악교육원 전담교수
한국음악교수법협회 대표
프로이데 무지카 음악감독

저서

세광음악출판사 – 금쌤의 클랑클랑 체르니 100
　　　　　　　금쌤의 클랑클랑 체르니 30
　　　　　　　에튀드와 함께하는 클랑클랑 피아니스트
창작그림동화악보집 – W. Gillock의 '앨리스의 유럽 여행'
　　　　　　　　　C. Gurlitt의 '요정 뮤즈의 춤추는 숲'
　　　　　　　　　L. Streabbog의 '제니의 꿈나라'
　　　　　　　　　F. Lynes의 '이상한 나라의 앨리스'

에튀드와 함께하는 클랑클랑 피아니스트 금찬이 편저

발행인 박현수
발행처 세광음악출판사 | 서울특별시 용산구 만리재로 178
　　　　　Tel. 02)714-0048(내용 문의)　　Fax. 02)719-2656
　　　　　http://www.sekwangmall.co.kr
공급처 (주)세광아트 Tel. 02)719-2651　　Fax. 02)719-2191

|총괄| 강성호
|편집 및 교정| 한송이, 김성은
|디자인| 강주연
|제작| 김상준
|마케팅| 강성호, 윤미희

등록번호　제 3-108호(1953. 2. 12)　　**인쇄일**　2024. 10
ISBN　978-89-03-32573-4 93670